# "Los 7 Métodos Altamente Efectivos para Aprender Inglés Fluido "

CASTSELLER LLC
PUBLICATION OF EDUCATIONAL BOOKS

# ¡Deja tu reseña y ayúdanos a crecer juntos!

Espero que estén disfrutando de este libro tanto como yo disfruté escribiéndolo.

Si desean compartir su experiencia y ayudar a otros lectores a descubrir este libro, los invito a escanear el QR code y dejarme una reseña en Amazon.

## Estaré agradecida por cada palabra amable que compartan conmigo.

# TABLA DE CONTENIDO

# Derecho de autor

**ISBN: 9798376521632**

# Dedicación

"Este libro está dedicado a todas aquellas personas que han anhelado aprender inglés durante tanto tiempo y que han sentido esa llama interior de superación. Creen en sí mismos, confíen en sus habilidades y sepan que pueden lograrlo. Este libro es para ustedes, para guiarlos en su camino hacia el éxito y la realización de su sueño de hablar inglés con fluidez".

**¡Adelante, aprendan y triunfen!"**

*"El éxito en el aprendizaje del inglés comienza con la determinación y la consistencia, y termina con la confianza y la fluidez."*

# Introducción

Mayo del 2017 viaja una mujer dominicana a Boston, Massachusetts, con sus dos hijos y esposo. Al llegar al aeropuerto, un miedo inmenso se apoderó de la misma. Escuchaba personas hablar inglés de lo cual ella no tenía ni la remota idea de lo que estaban diciendo.

Esta mujer sentía una gran *impotencia* por sí misma. Un día fue al supermercado y no vio el artículo que estaba buscando, no sabía como preguntar porque no había hispano hablante, y con lágrimas en sus ojos regreso a la casa a donde le estaban dando alojo hasta que ella pudiera alquilar una casa. No tenía muchas oportunidades de empleo, ya que el inglés era una limitación y tenía dos hijos, lo cual era muy difícil trabajar en factorías y cuidar de sus niños.

¡Hasta que un día dijo, "ya no más!". Se levantó y puso en práctica estas 7 estrategias lo cual la ayudaron a aprender inglés de forma altamente efectiva, hasta tener la capacidad de formar su propia compañía, tener una marca registrada, poseer un comercio electrónico y hasta escribir y colaborar en varios libros en inglés y español. Su primer libro fue "Conócete y Serás Feliz" y conocido en inglés como "Know yourself to be happy".

¿Pero, como lo sé? Porque esa mujer soy yo. Hola, soy Amanfi y hoy quiero caminar de la mano juntamente a tu lado. Sé realmente cual es la libertad que se siente y las oportunidades que se abren cuando sabes el idioma inglés y por eso te quiero decir que yo estoy contigo y juntos aprenderemos hasta tu tener la habilidad de comunicarte en inglés de manera eficaz.

**¡Si yo pude, tú también puedes!**

# Método 1

## Conoce el por qué

Muchas personas inician con una gran motivación y entusiasmo a aprender inglés, pero cuando llegan las adversidades los mismos se desenfocan. Por tiempo vuelven a estudiar y lo que ya han aprendido se le olvida y así se mantienen en un círculo vicioso, lo cual hace que ellos aún se sientan muy mal por actuar inconscientemente de dicha manera.

Este primer paso es sumamente importante, ya que, si conoces e identifica el por qué realmente quieres aprender inglés, lo mantendrá muy presente y este impulso te motivará a aprender aun cuando los imprevistos o la vergüenza para hablar al frente de los demás lleguen a tu vida.

En este momento te pido que tomes un tiempo y analice dentro de ti cuál es ese "por qué". Créeme que cuando llegue al fondo y haga consciente por qué anhela aprender inglés, tu tendrás la disciplina para seguir avanzando cada día más. No es solamente aprender inglés porque sería "bueno" o porque tendrías más oportunidades en general, sino cual sería tú futuro, si ya supiera ingles fluido.

**Escribe aquí tú por qué:**

_____

_____

_____

_____

_____

_____

_____

_____

_____

_____

Ahora te pido que grabe en tu celular o adonde decidas, las siguientes afirmaciones y la escuche a diario mientras te lava los dientes, maneja, cocina, come o en cualquier momento durante el día.

Créeme que esta es la estrategia base para tu aprender inglés, no emita ningún paso. Si no tienes tiempo para hacer lo básico, nunca tendrás tiempo para hacer ejercicios que requieran más tiempo y concentración. Si no sabes cómo grabar, puedes pedir ayuda o leer esta página todos los días.

## En la primera afirmación agrega el por qué tu anhelas aprender inglés.

- Yo estoy aprendiendo inglés porque (di cuál es tu por qué)
- "Tengo la capacidad de aprender inglés y estoy comprometido a hacerlo."
- "Yo puedo aprender inglés, solo necesito tiempo y práctica."
- "Soy capaz de hablar inglés fluidamente."
- "Reconozco que debo hablar en inglés todos los días para mejorar mi habilidad."
- "Confío en mi capacidad de aprender inglés y estoy dispuesto a poner en el tiempo y esfuerzo necesario."
- "Aprender inglés es un desafío, pero sé que yo puedo hacerlo."
- "Reconozco mi capacidad de aprender y estoy listo para superar los obstáculos que se presenten en el camino."
- Tengo el tiempo suficiente para aprender y estoy feliz porque lo estoy logrando.

3

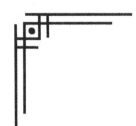

# Método 2
## Organiza tu tiempo y espacio

**Elige un lugar específico para estudiar**: Elige un lugar tranquilo y cómodo para estudiar, como una mesa o un escritorio. De esta manera le envía un mensaje a tu cerebro diciéndole que es hora de concentrarse.

**Prepara tus materiales**: Asegúrate de tener todos los materiales necesarios a mano, como tu libro de autoayuda, un lápiz y papel, y cualquier otro material que puedas necesitar para aprender inglés. De esta manera evita tomar tiempo para buscar los materiales. Coloca siempre los materiales en el mismo lugar.

**Crea un horario de estudio**: Establece un horario regular para estudiar y hazlo una parte integral de tu rutina diaria.

**Elimina distracciones:** Crea un entorno de estudio libre de distracciones, como apagar tu teléfono o desconectarte de las redes sociales.

**Utiliza técnicas de aprendizaje efectivas:** Utiliza técnicas como subrayar, hacer resumen y leer el vocabulario 3 veces o más en voz alta.

**Sacas tiempo adicional:**

a. Toma nota- Cada vez que complete una lección haz nota de los vocabularios que necesita reforzar y llévalo contigo y léelo mientras espera en el autobús, tren, hora de almuerzo o cualquier tiempo adicional que tengas durante el día.

b. Graba tu voz en tu celular- graba tu voz y escucha el vocabulario mientras manejas, cocina, come o espera en una cita.

c. Usa audífonos- Escucha libros y videos en internet mientras realiza otras tareas que no requiera concentración.

Créeme que yo andaba con un audífono escuchando siempre YouTube y a mi propia voz. Trabajaba en factorías y cuidando personas mayores de noche y por el día cuidaba de mis hijos. Basta de las excusas y decir *"No tengo tiempo para aprender inglés"*. El tiempo se hace. Si te desconecta de las redes sociales y de todo lo que no es prioridad, tú puedes. ¡Si yo pude, tú puedes!

# Método 3

## Identifica la manera en que aprendes

**Experimenta** - Prueba diferentes estrategias de estudio, como tomar apuntes, hacer resúmenes, practicar preguntas y respuestas, etc. para descubrir cuál te funciona mejor.

**Observa cómo reacciona tu cerebro** - Presta atención a cómo te sientes mientras estudias. ¿Te sientes más concentrado y motivado con un método en particular?

**Observar tu ciclo natural de sueño y vigilia** - Presta atención a cuándo te sientes más alerta y energizado.

**Experimentar con diferentes horas de estudio** - Haz un seguimiento de cuándo te sientes más concentrado y productivo.

**Considera tus fortalezas y debilidades** - ¿Eres una persona visual? ¿Prefieres trabajar en equipo? ¿Eres más una persona de acción que de teoría?

**Sé auto-consciente** - Presta atención a tus pensamientos y sentimientos mientras estudias. ¿Te sientes abrumado o frustrado con un método en particular? ¿Te sientes más relajado y motivado con otro método?

Es importante conocer la manera en que aprendemos mejor porque esto puede ayudarnos a aprovechar al máximo nuestro tiempo y esfuerzo de estudio. Si sabemos qué métodos de aprendizaje funcionan mejor para nosotros, podemos enfocarnos en ellos y obtener resultados más efectivos. Por ejemplo, si descubrimos que aprendemos mejor a través de la experiencia práctica, podemos buscar oportunidades para poner en práctica lo que hemos aprendido. Del mismo modo, si descubrimos que aprendemos mejor a través de la visualización, podemos buscar materiales gráficos y visuales para ayudarnos en el proceso de aprendizaje.

Conocer la manera en que aprendemos mejor también puede **ayudarnos a ser más eficientes y motivados al estudiar**, lo que puede aumentar nuestra confianza y autoconfianza en nuestro proceso de aprendizaje.

# Método 4
## Comienza a pensar en Inglés

**Aprender a través de imágenes**: aprender vocabulario con imágenes es más efectivo que a través de traducción, ya que ayuda a mejorar la fluidez en el idioma. En lugar de pensar en la traducción escrita en español, tu mente visualiza el objeto directamente. Ejemplo: si vas a decir apple, que significa "manzana, tu mente mira el objeto antes de la palabra en español. *"Una imagen vale más que mil palabras."*

**Para de traducir:** Es comprensible traducir al principio mientras se aprende inglés, pero a medida que se adquiere más vocabulario y se siente más cómodo, es recomendable evitar la traducción y en su lugar asociar palabras con imágenes. Esto ayudará a pensar en inglés de manera más natural y fluida. *En algunos casos el libro traducirá cuando el vocabulario pueda ser confuso de ilustrar.*

**A medida que vayas aprendiendo vocabulario, comienza a hacer oraciones simples en tu mente**: Al hacer esto, estarás practicando tus habilidades de construcción de frases en inglés y te sentirás más cómodo pensando en el idioma. Por ejemplo, si aprendes la palabra "apple", comienza a decir "I like apple" (me gusta la manzana) en tu mente. Con el tiempo, puedes ir construyendo oraciones más complejas y fluirás cada vez más naturalmente en el idioma.

**Cambia las configuraciones de tu teléfono y aplicaciones a inglés:** Al hacer esto, estarás exponiéndote constantemente al idioma y aprenderás a entender y utilizar nuevas palabras y frases.

Usa el **GPS** en inglés: Al utilizar el GPS en inglés, aprenderás a entender y seguir las instrucciones en inglés, lo que te ayudará a mejorar tu comprensión y tus habilidades de pensamiento en inglés (en caso de que manejes).

**Ver películas y programas de televisión en inglés, incluso si al principio no los entiendes:** Ver películas y programas de televisión en inglés te ayudará a familiarizarte con el ritmo y la pronunciación del lenguaje, y con el tiempo, te sentirás más cómodo comprendiendo y pensando en inglés. (*Cuando inicié no entendía nada y en menos de 3 meses me reía de los chistes. Esta fue una de las maneras de aprender inglés más divertida que tuve*).

**Lee en inglés**, incluso si solo reconoces una palabra: Práctica la lectura en inglés, aunque sea solo que reconozca una palabra, este hábito te ayudará a mejorar tu vocabulario y a comprender el lenguaje de manera más natural.

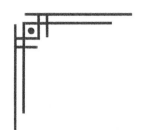

# Método 5

## Pronunciación

La pronunciación en inglés y español es diferente en términos de sonidos, acentuación y ritmo.

El inglés tiene sonidos que no existen en español y viceversa, como la pronunciación de "th". Además, la acentuación en inglés es diferente a la acentuación en español y puede ser un desafío para los hablantes de español.

El ritmo del inglés es más suave y fluido en comparación con el ritmo más fuerte y sincopado del español. Por lo tanto, es importante prestar atención a la pronunciación y practicarla a diario para mejorarla.

**Aquí hay algunos consejos generales que pueden ayudarte a mejorar tu pronunciación en inglés:**

**Practica**: La práctica es la clave para mejorar tu pronunciación. Habla inglés tanto como sea posible, y trata de imitar la forma en que los nativos hablan.

**Escuchar**: Escucha a los nativos hablando inglés y presta atención a su pronunciación. Escucha música en inglés, ve películas, y escucha podcast y programas de radio en inglés.

**Identifica los sonidos**: Identifica los sonidos individuales que te cuestan pronunciar y practica repetidamente.

**Usa herramientas de audio:** Hay muchas herramientas en línea, como videos y aplicaciones, que pueden ayudarte a mejorar tu pronunciación en inglés.

**Practica con un hablante nativo:** Practicar con un hablante nativo de inglés es una de las mejores maneras de mejorar tu pronunciación.

**No te rindas:** La pronunciación en inglés puede ser difícil, pero siempre hay margen para mejorar.

**<u>No tengas miedo ni vergüenza de hablar</u>**, tu acento es lo que te hace único y especial. Tener acento significa que eres muy inteligente porque eres bilingüe. Todos tenemos acento, no esconda el tuyo.

# Alphabet (Abecedario)

## Lee el abecedario que esta en la columna

| Letra | Pronunciación |
|-------|---------------|
| A | [ci] |
| B | [bi] |
| C | [ci] |
| D | [di] |
| E | [i] |
| F | [ef] |
| G | [yi] |
| H | [eich] |
| I | [ai] |
| J | [jei] |
| K | [kei] |
| L | [el] |
| M | [em] |
| N | [en] |
| O | [ou] |
| P | [pi] |
| Q | [kiu] |
| R | [ar] |
| S | [es] |
| T | [ti] |
| U | [iu] |
| V | [uvi] |
| W | [dabliu] |
| X | [ex] |
| Y | [uai] |
| Z | [zi] |

## Guía de la posición de la boca para una mejor pronunciación:

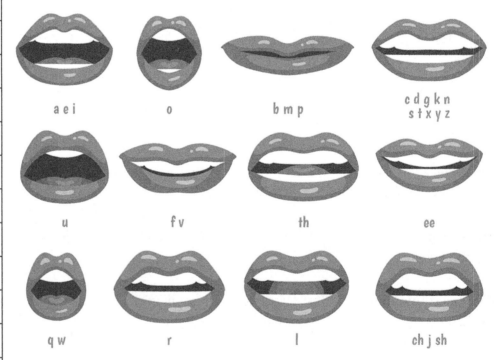

**Nota:** trata, pero no te frustre si no te sale al principio porque poco a poco lo lograrás.

# Consejos para mejor pronunciación

## Vocales

1. "**A**" como en "cat" (gato): La lengua está en la parte inferior de la boca y el sonido es producido con la boca abierta.

2. "**E**" como en "bed" (cama): La lengua está en el medio de la boca y el sonido es producido con la boca semi-abierta.

3. "**I**" como en "bit" (poco): La lengua está en la parte superior de la boca y el sonido es producido con la boca semi-cerrada.

4. "**O**" como en "hot" (caliente): La lengua está en la parte inferior de la boca y el sonido es producido con la boca semi-cerrada.

5. "**U**" como en "but" (pero): La lengua está en la parte superior de la boca y el sonido es producido con la boca cerrada.

a e i       o       u

## Letra "S"

1. Coloca la parte anterior de tu lengua cerca de tus dientes superiores.

2. Asegúrate de que tu lengua no esté tocando tus dientes, sino que esté cerca de ellos.

3. Haz una sonrisa para abrir tus encías superiores y formar un pequeño espacio entre tus dientes y tu lengua.

4. Emite un sonido suave y continuo sin interrupciones para formar la "s". Como si le fuera a llamar a alguien que sabe su nombre "sssis, ven aca".

## Letra "Th"

1. Coloca la parte frontal de tu lengua entre tus dientes superiores y tus encías superiores.

2. Haz una ligera aspiración con la lengua para formar un sonido suave.

3. Mantén la posición de la lengua mientras haces el sonido de la "th".

Se puede pronunciar como si fuera una "Z" española (thanks) y en otros casos como una "d" a media (that).

**Nota**: Más adelante usaremos "z" o "d" para escribir la pronunciación en español.

th

## Letra "R"

1. Coloca la parte posterior de tu lengua detrás de tus dientes superiores.

2. Al mismo tiempo, deja un pequeño espacio entre la parte trasera de tu lengua y el paladar duro (techo de la boca).

3. Haz un sonido vibrante y continuo sin interrupciones para formar la "r".

r

## Letra "H"

se pronuncia como una aspiración suave, es decir, como una exhalación de aire sin voz, similar a un suspiro. Tiene un sonido como "ja" Ejemplo: **H**ello (**je**lóu)

## Letra "Sh"

El sonido "sh" se produce cuando las letras "s" y "h" se combinan, y se pronuncia como una fricción entre la parte posterior de la lengua y el paladar blando. Por ejemplo, en la palabra "ship" (ship) (barco) se pronuncia como un sonido "sh".
Es como si fuera a a mandar a alguien hacer silencio "shh"

## Letra "Ch"

Por otro lado, el sonido "ch" se produce cuando las letras "c" y "h" se combinan, y se pronuncia como una fricción entre los dientes y el paladar blando.
Por ejemplo, en la palabra "chip" (chip) se pronuncia como un sonido "ch".

## Letra "V"

1. Para pronunciar la "v" en inglés, haz vibrar tus labios como si estuvieras diciendo una "b" suave.
2. La "v" suena como una combinación de "b" y "f"
3. La voz debe fluir continuamente sin interrupciones, a diferencia de una "b", que requiere una pequeña pausa entre la vibración de los labios y la emisión del sonido.

## Letra "H"

1. La letra "h" en inglés es una letra muda que se pronuncia como una especie de aspiración suave.
2. La "h" suena como un soplo de aire en la garganta.
3. Es importante tener en cuenta que la "h" es diferente a la **"j" española,** que es una semivocal y se pronuncia como una "j" muy suave (j latina). Ejemplo: **H**ello (**jel**óu)

## Letra "W"

1. Para pronunciar la "w" en inglés, coloca los labios en una posición similar a cuando pronuncias la letra "**u**", y luego vibra la lengua en la parte posterior de la boca. La "w" suena como una "u" doble.

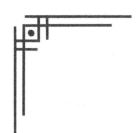

# Método 6 & 7

## Memoriza y Práctica

Aprenderá vocabularios por medio de imágenes y cuando no se pueda ilustrar porque puede ser confuso, se procederá a traducir. Luego habrá una sessión para practicar.

Por favor, no mires las respuestas antes de intentar resolver los ejercicios por ti mismo. En algunos casos las repuestas estarán en la hoja siguiente y en otros tendrás que volver a la hoja anterior para verificar si haz completado bien la lección.

**Nota**: Escribe en cartillas los vocabularios que vaya aprendiendo y llévalo contigo hasta que te lo aprendas.

Ejemplo:

- Puedes hacer notas de 10 palabras y llevarlo contigo a todas partes y leerlo mientras espera.
- Puedes repetirlo 3 veces antes de irte a dormir.
- Puedes grabar tu voz y escucharlo mientras cocina, te baña, te ejercita, maneja, va en el tren o en el autobús, o en el tiempo de espera.
- Puedes ponerlo en practica y pensarlo. Ejemplo "si aprendiste a que "apple" es manzana, inicia en tu mente a decir "I like apple" (ai láaik ápol) (me gusta la manzana)
- Puedes complementar el vocabulario con el libro "Aprende Ingles Jugando".

### Instrucciones

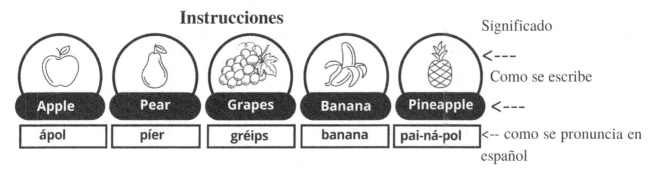

# Saludos y presentación

| Saludos | Pronunciación | Traducción |
| --- | --- | --- |
| Hello | jelóu | Hola |
| Hi | jáy | Hola |
| Good morning | gud móor-nin | Buenos día |
| Good afternoon | guráf-ter-nun | Buenas tardes |
| Good evening | guríf-vi-nin | Buenas noches |
| Nice to meet you | nais -tu- mit-iu | Un placer conocerte |
| Good to see you | gud -tu- síi- iu | Gusto verte |

| Despedidas | Pronunciación | Traducción |
| --- | --- | --- |
| Goodbye | gud báy | Adiós |
| See you later | si iu léirer | Hasta luego |
| See you soon | si iu súun | Nos vemos pronto |
| Take care | téik kéar | Cuídate |
| "Have a good day | háaf a gud déy | Que tengas un buen día |
| "Have a good night | háaf a gud náait | Buenas noche |
| Stay safe | stéi séif | Mantente a salvo |

**Escribe tu nombre y práctica**

## My name is
(mai neim is)

_____

**Escribe tu edad**

## I am
(ai am)

_____years old
(yiers old)

**Escribe tu dirección**

## I live in
(ai if)

_____

**Frases que se utilizan para ser más educado y cortés en inglés:**

**Please** (plíis) - Por favor

**Thank you** (záank - iu) - Gracias

**Excuse me** (ex-cúis-mi) - Disculpa

**I'm sorry** (am sóory) - Lo siento

# Fruit *(Frutas)*

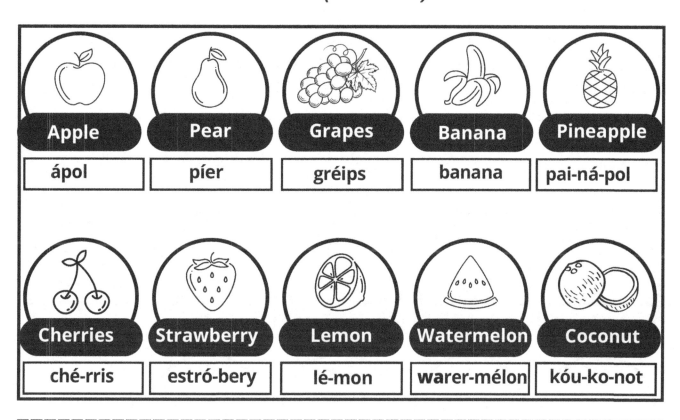

| Apple | Pear | Grapes | Banana | Pineapple |
|---|---|---|---|---|
| ápol | píer | gréips | banana | pai-ná-pol |

| Cherries | Strawberry | Lemon | Watermelon | Coconut |
|---|---|---|---|---|
| ché-rris | estró-bery | lé-mon | warer-mélon | kóu-ko-not |

# Vegetables *(Vegetales)*

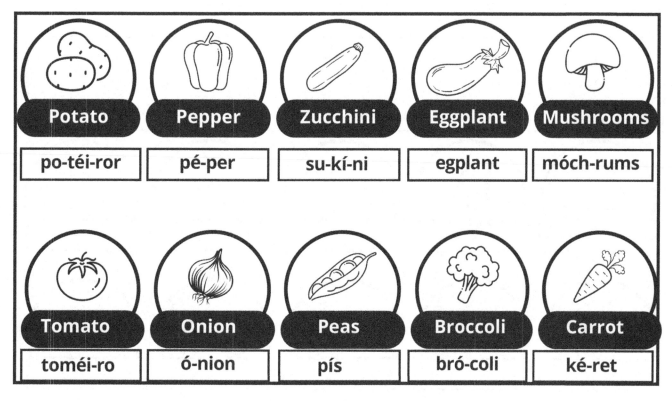

| Potato | Pepper | Zucchini | Eggplant | Mushrooms |
|---|---|---|---|---|
| po-téi-ror | pé-per | su-kí-ni | egplant | móch-rums |

| Tomato | Onion | Peas | Broccoli | Carrot |
|---|---|---|---|---|
| toméi-ro | ó-nion | pís | bró-coli | ké-ret |

# Practice (*practica*)

Lee las palabras que están en el cuadro y escribe debajo de la imagen. Cuando termine vuelve a la página anterior a verificar si están correctas.

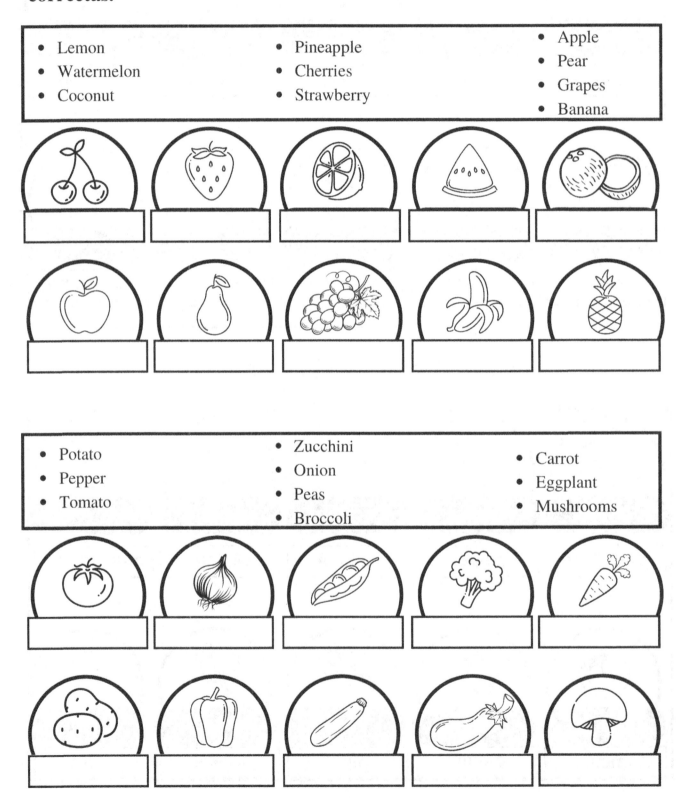

- Lemon
- Watermelon
- Coconut
- Pineapple
- Cherries
- Strawberry
- Apple
- Pear
- Grapes
- Banana

- Potato
- Pepper
- Tomato
- Zucchini
- Onion
- Peas
- Broccoli
- Carrot
- Eggplant
- Mushrooms

# Food (comida)

| Rice | Chicken | Salad | Pasta | Sandwich |
|------|---------|-------|-------|----------|
| ráis | chí-ken | sa-lad | pasta | san-dui-ch |

| Cake | Hamburger | Seafood | Meat | Bread |
|------|-----------|---------|------|-------|
| kéik | jam-bér-guer | si-fúd | míit | breed |

# Drinks (bebidas)

| Wine | Coffee | Lemonade | Tea | Chocolate |
|------|--------|----------|-----|-----------|
| wain | co-fi | li-mo-neid | tii | chó-ko-leit |

| Juice | Water | Milkshake | Milk | Beer |
|-------|-------|-----------|------|------|
| yuuz | wa-rer | milk-cheik | milk | bíer |

# Practice (*practica*)

Lee las palabras que están en el cuadro y escribe debajo de la imagen.
Cuando termine vuelve a la página anterior a verificar si están
correctas.

- Meat
- Bread
- Rice
- Sandwich
- Cake
- Hamburger
- Chicken
- Salad
- Seafood
- Pasta

- Juice
- Water
- Wine
- Coffee
- Lemonade
- Tea
- Chocolate
- Milkshake
- Milk
- Beer

# Numbers *(números)*

| 1 | 2 | 3 | 4 | 5 |
|---|---|---|---|---|
| One | Two | Three | Four | Five |
| wan | tu | trii | for | fáif |

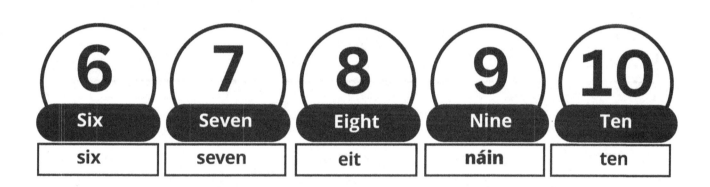

| 6 | 7 | 8 | 9 | 10 |
|---|---|---|---|---|
| Six | Seven | Eight | Nine | Ten |
| six | seven | eit | náin | ten |

| 11 | 12 | 13 | 14 | 15 |
|---|---|---|---|---|
| Eleven | Twelve | Thirteen | Fourteen | Fifteen |
| i-lé-ven | tuélf | der-tíin | for-tíin | fif-tíin |

| 16 | 17 | 18 | 19 | 20 |
|---|---|---|---|---|
| Sixteen | Seventeen | Eighteen | Nineteen | Twenty |
| six-tíin | seven-tíin | ei-tíin | nái-tíin | tueny |

# Practice *(practica)*

**Lee las palabras que están en el cuadro y escribe debajo de la imagen. Cuando termine vuelve a la página anterior a verificar si están correctas.**

- Thirteen
- Fourteen
- One
- Fifteen
- Three
- Four
- Five

- Nineteen
- Eighteen
- Eight
- Nine
- Ten
- Twenty
- Two

- Sixteen
- Seventeen
- Eleven
- Twelve
- Six
- Seven

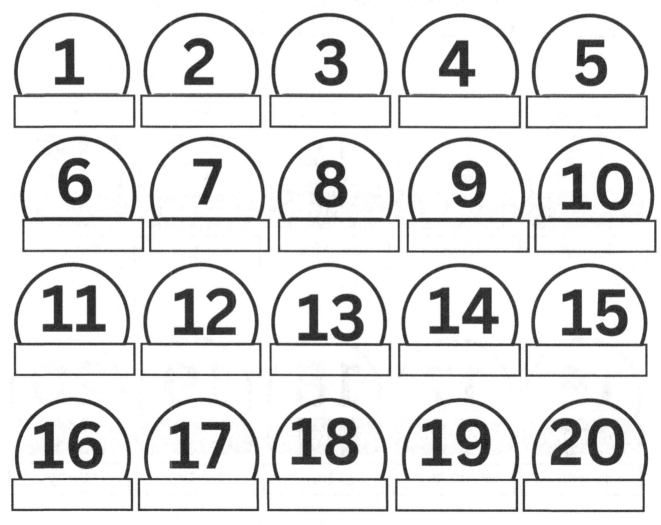

# Numbers (*números*)

| 30 Thirty | 40 Forty | 50 Fifty | 60 Sixty | 70 Seventy |
|---|---|---|---|---|
| tery | fory | fifty | sixty | seventy |

| 80 Eighty | 90 Ninety | 100 One hundred | 500 Five hundred | 1000 One thousand |
|---|---|---|---|---|
| éiry | nairy | wan jondred | fáif jondred | wan dausen |

# Ordinal numbers (*números ordinales*)

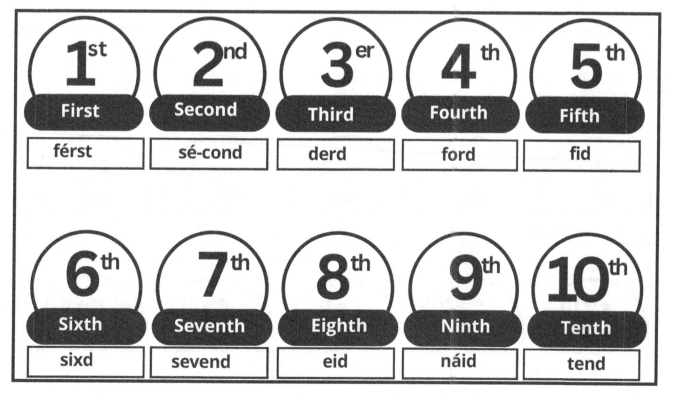

| 1st First | 2nd Second | 3er Third | 4th Fourth | 5th Fifth |
|---|---|---|---|---|
| férst | sé-cond | derd | ford | fid |

| 6th Sixth | 7th Seventh | 8th Eighth | 9th Ninth | 10th Tenth |
|---|---|---|---|---|
| sixd | sevend | eid | náid | tend |

# Practice *(practica)*

Lee las palabras que están en el cuadro y escribe debajo de la imagen. Cuando termine vuelve a la página anterior a verificar si están correctas.

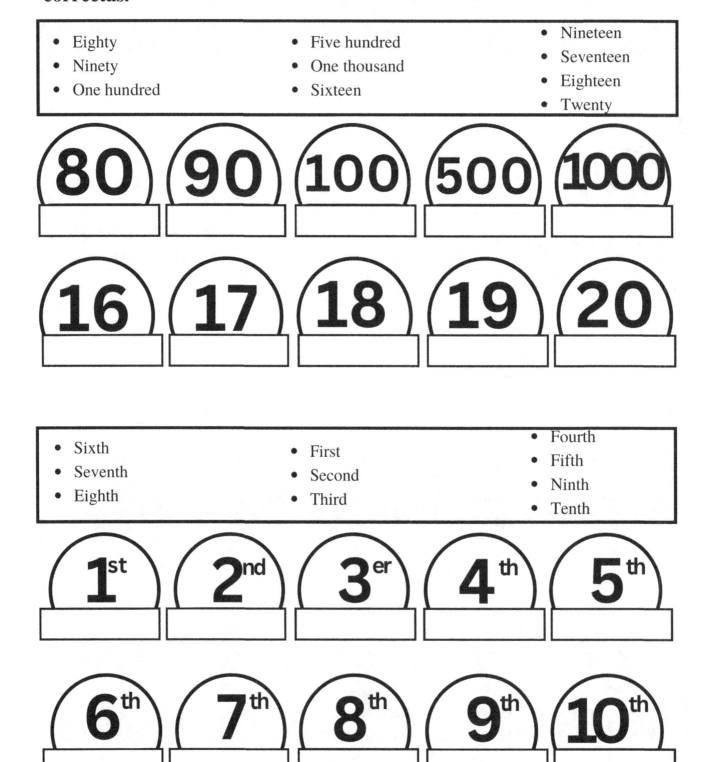

- Eighty
- Ninety
- One hundred
- Five hundred
- One thousand
- Sixteen
- Nineteen
- Seventeen
- Eighteen
- Twenty

- Sixth
- Seventh
- Eighth
- First
- Second
- Third
- Fourth
- Fifth
- Ninth
- Tenth

# Body *(cuerpos)*

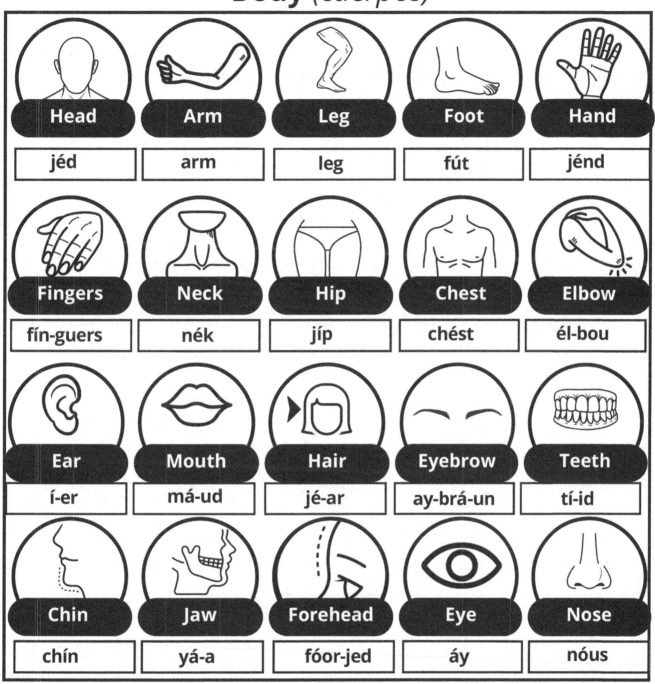

| | | | | |
|---|---|---|---|---|
| **Head** | **Arm** | **Leg** | **Foot** | **Hand** |
| jéd | arm | leg | fút | jénd |
| **Fingers** | **Neck** | **Hip** | **Chest** | **Elbow** |
| fín-guers | nék | jíp | chést | él-bou |
| **Ear** | **Mouth** | **Hair** | **Eyebrow** | **Teeth** |
| í-er | má-ud | jé-ar | ay-brá-un | tí-id |
| **Chin** | **Jaw** | **Forehead** | **Eye** | **Nose** |
| chín | yá-a | fóor-jed | áy | nóus |

# Seasons *(Estaciones)*

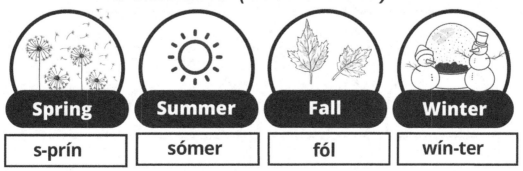

| | | | |
|---|---|---|---|
| **Spring** | **Summer** | **Fall** | **Winter** |
| s-prín | sómer | fól | wín-ter |

# Practice (*practica*)

Lee las palabras que están en el cuadro y escribe debajo de la imagen.
Cuando termine vuelve a la página anterior a verificar si están
correctas.

| | | | | |
|---|---|---|---|---|
| • Forehead | • Chin | • Eye | • Hair | • Leg |
| • Fingers | • Jaw | • Head | • Eyebrow | • Foot |
| • Neck | • Chest | • Ear | • Teeth | • Hand |
| • Hip | • Elbow | • Mouth | • Arm | • Nose |

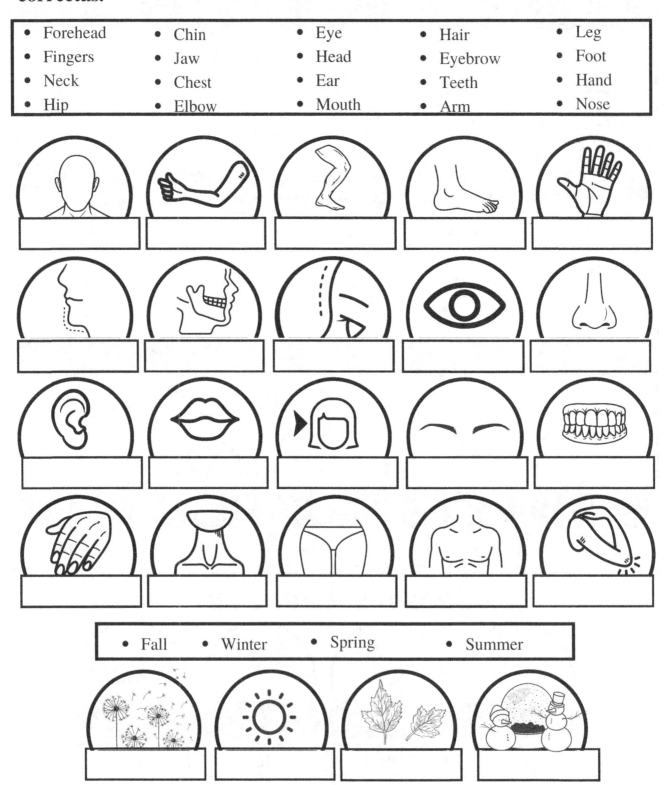

| | | | |
|---|---|---|---|
| • Fall | • Winter | • Spring | • Summer |

22

# Colors (colores)

*Mira la imagen y piensa en el color natural de la imagen.*

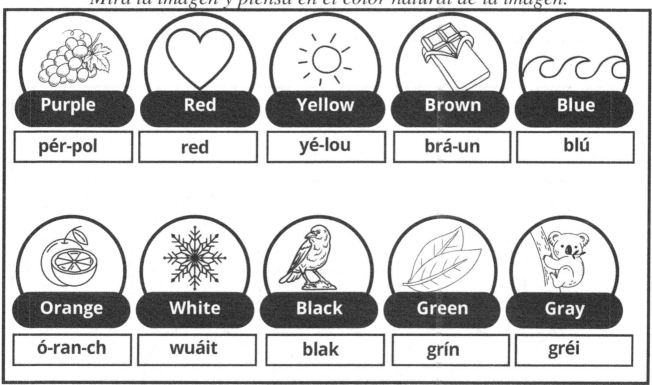

| Purple | Red | Yellow | Brown | Blue |
|--------|-----|--------|-------|------|
| pér-pol | red | yé-lou | brá-un | blú |

| Orange | White | Black | Green | Gray |
|--------|-------|-------|-------|------|
| ó-ran-ch | wuáit | blak | grín | gréi |

# Days (días)

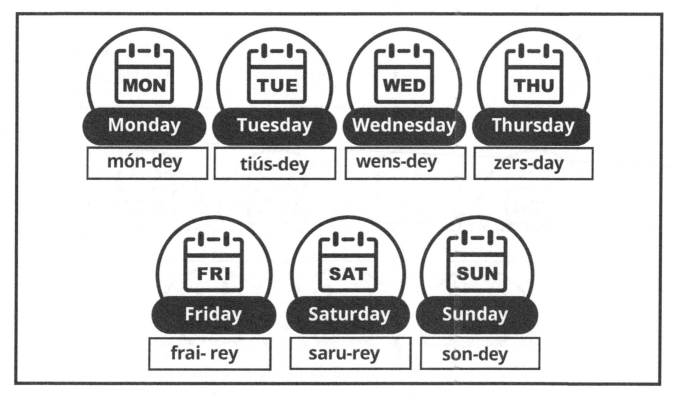

| Monday | Tuesday | Wednesday | Thursday |
|--------|---------|-----------|----------|
| món-dey | tiús-dey | wens-dey | zers-day |

| Friday | Saturday | Sunday |
|--------|----------|--------|
| frai- rey | saru-rey | son-dey |

# Practice (*practica*)

Lee las palabras que están en el cuadro y escribe debajo de la imagen. Cuando termine vuelve a la página anterior a verificar si están correctas.

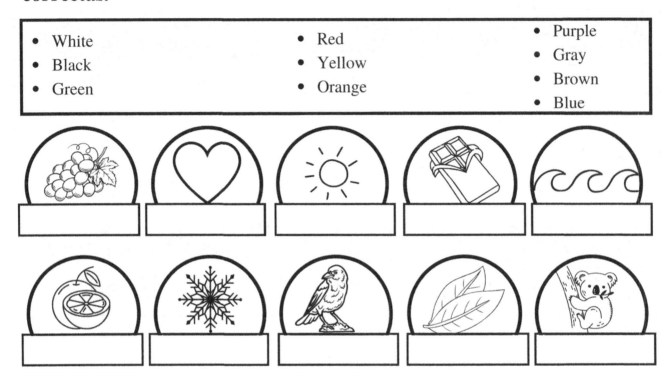

- White
- Black
- Green
- Red
- Yellow
- Orange
- Purple
- Gray
- Brown
- Blue

- Sunday
- Friday
- Monday
- Tuesday
- Wednesday
- Thursday
- Saturday

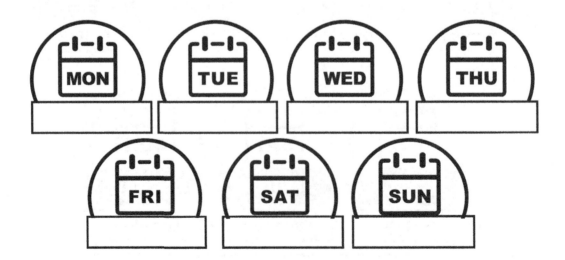

# Months *(meses)*

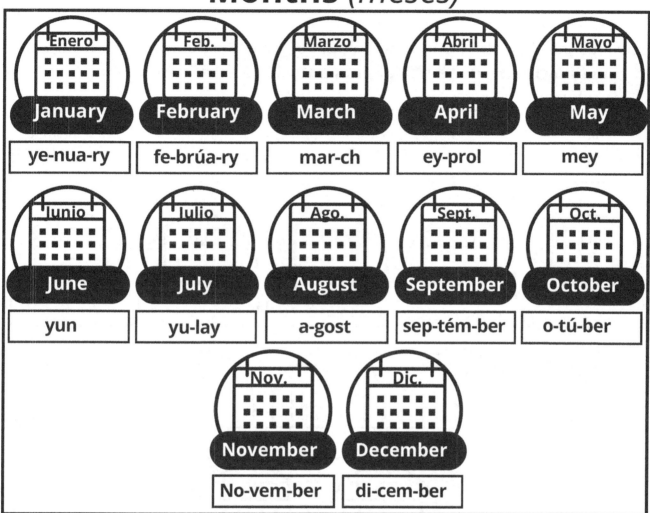

| Enero | Feb. | Marzo | Abril | Mayo |
|---|---|---|---|---|
| **January** | **February** | **March** | **April** | **May** |
| ye-nua-ry | fe-brúa-ry | mar-ch | ey-prol | mey |

| Junio | Julio | Ago. | Sept. | Oct. |
|---|---|---|---|---|
| **June** | **July** | **August** | **September** | **October** |
| yun | yu-lay | a-gost | sep-tém-ber | o-tú-ber |

| Nov. | Dic. |
|---|---|
| **November** | **December** |
| No-vem-ber | di-cem-ber |

## Times *(tiempo)*

**Today** (túu-dey) (hoy)
**Yesterday** (yes-ter-dey) (ayer)
**Tomorrow** (túu-mo-rou)
**Morning** (mór-níin) (en la mañana)
**Afternoon** (af-ter-núum) (tarde)
**Evening** (íf-vi-níin) (noche)
**Night** (náit) (noche)
**Week** (wíik) (semana)
**Weekend** (wíi-kend) (fin de semana)

## Pronombres *(pronouns)*

**Girl** (géer) **niña**
**Boy** (boy) **niña**
**Guy** (gáay) **muchacho**
**Women** (úo-man) **mujer**
**Men** (men) **hombre**
**Person** (péerson) **persona**
**People** (pípol) **gente**
**Friend** (frend) **amigo**
**Boyfriend** (boy frend) **novio**
**Girlfriend** (géer frend) **novia**

# Practice *(practica)*

Lee las palabras que están en el cuadro y escribe debajo de la imagen. Cuando termine vuelve a la página anterior a verificar si están correctas.

| | | | |
|---|---|---|---|
| • Jun | • December | • January | • September |
| • July | • April | • February | • October |
| • November | • May | • August | • March |

**Enero**    **Feb.**    **Marzo**    **Abril**    **Mayo**

**Junio**    **Julio**    **Ago.**    **Sept.**    **Oct.**

**Nov.**    **Dic.**

**Aparea las traducciones y luego confirma tu respuesta con la página anterior**

| | | | |
|---|---|---|---|
| **Today** | Ayer | **Girl** | Amigo |
| **Yesterday** | Weekend | **Boy** | Niña |
| **Tomorrow** | Tarde | **Guy** | Gente |
| **Fin de semana** | Mañana | **Women** | Mujer |
| **Morning** | Noche | **Men** | Niño |
| **Afternoon** | Hoy | **People** | Hombre |
| **Evening** | Noche | **Friend** | Novia |
| **Night** | En la mañana | **Boyfriend** | Novio |
| | | **Girlfriend** | Muchacho |

# Family (*familia*)

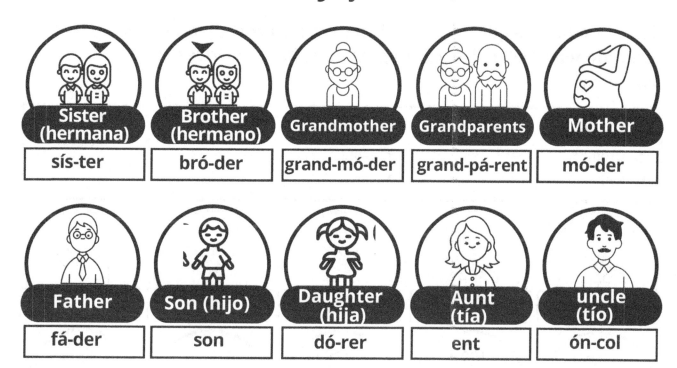

| | | | | |
|---|---|---|---|---|
| **Sister (hermana)** | **Brother (hermano)** | **Grandmother** | **Grandparents** | **Mother** |
| sís-ter | bró-der | grand-mó-der | grand-pá-rent | mó-der |

| | | | | |
|---|---|---|---|---|
| **Father** | **Son (hijo)** | **Daughter (hija)** | **Aunt (tía)** | **uncle (tío)** |
| fá-der | son | dó-rer | ent | ón-col |

## Otros miembros de la familia

**Nephew** (sobrino) {Ne-fiu}
**Niece** (sobrina) {níiz}
**Cousin** (primo/a) {có-sin}
**Husband** (marido) {jós-band}
**Wife** (esposa){waif}
**Stepfather** (padrastro) {ste-fá-der}
**Stepmother** (madrastra){step-mó-der}
**Stepson** (hijastro){step-son}
**Stepdaughter** (hijastra) {step-dó-rer}
**In-laws** (suegros) {in-lóus}
**Grandson** (nieto) {gránd-son}
**Granddaughter** (nieta){grand-dórer}
**Great-grandfather** (bisabuelo) {greit- grand--fá-der}
**Great-grandmother** (bisabuela){greit-grand-mó-der}
**Spouse** (cónyuge){spó-us}
**Partner** (compañero/a) {pár-ner}
**Mom**(móom) {mami o mamá}

# Practice *(practica)*

Lee las palabras que están en el cuadro y escribe debajo de la imagen. Cuando termine vuelve a la página anterior a verificar si están correctas.

- Grandparents
- Brother
- Father

- Daughter
- Aunt
- uncle

- Sister
- Mother
- Grandmother
- Son

| Aparea las traducciones y luego confirma tu respuesta con la página anterior |

**Nephew**
**Niece**
**Cousin**
**Husband**
**Wife**
**Grandson**
**Granddaughter**
**Mom**

Mamá
Sobrino
Esposa
Nieto
Sobrina
Esposa
Nieta
Primo

# Emotions *(Emociones)*

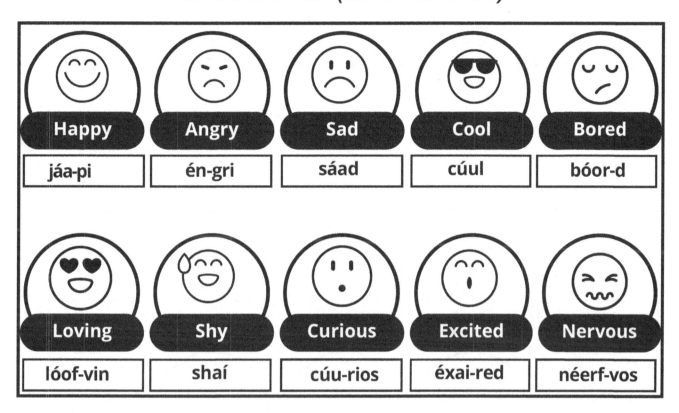

| Happy | Angry | Sad | Cool | Bored |
|-------|-------|-----|------|-------|
| jáa-pi | én-gri | sáad | cúul | bóor-d |

| Loving | Shy | Curious | Excited | Nervous |
|--------|-----|---------|---------|---------|
| lóof-vin | shaí | cúu-rios | éxai-red | néerf-vos |

# School (Escuela)

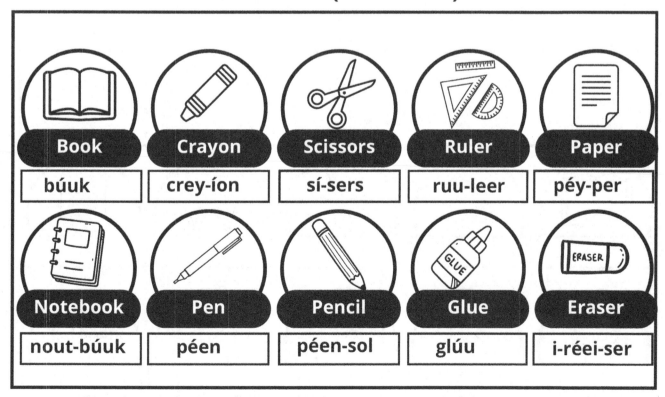

| Book | Crayon | Scissors | Ruler | Paper |
|------|--------|----------|-------|-------|
| búuk | crey-íon | sí-sers | ruu-leer | péy-per |

| Notebook | Pen | Pencil | Glue | Eraser |
|----------|-----|--------|------|--------|
| nout-búuk | péen | péen-sol | glúu | i-réei-ser |

# Practice *(practica)*

Lee las palabras que están en el cuadro y escribe debajo de la imagen. Cuando termine vuelve a la página anterior a verificar si están correctas.

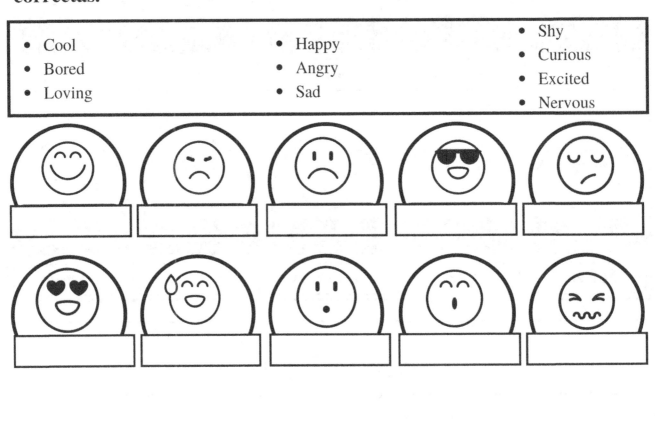

- Cool
- Bored
- Loving
- Happy
- Angry
- Sad
- Shy
- Curious
- Excited
- Nervous

- Book
- Glue
- Eraser
- Crayon
- Scissors
- Ruler
- Paper
- Notebook
- Pen
- Pencil

# Cloths (Ropa)

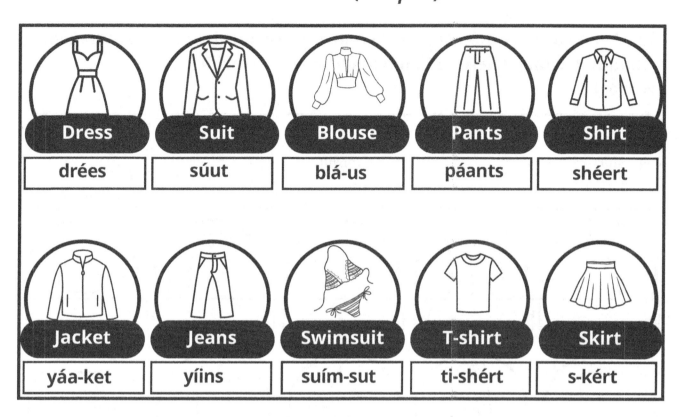

| Dress | Suit | Blouse | Pants | Shirt |
|-------|------|--------|-------|-------|
| drées | súut | blá-us | páants | shéert |

| Jacket | Jeans | Swimsuit | T-shirt | Skirt |
|--------|-------|----------|---------|-------|
| yáa-ket | yíins | suím-sut | ti-shért | s-kért |

# House (casa)

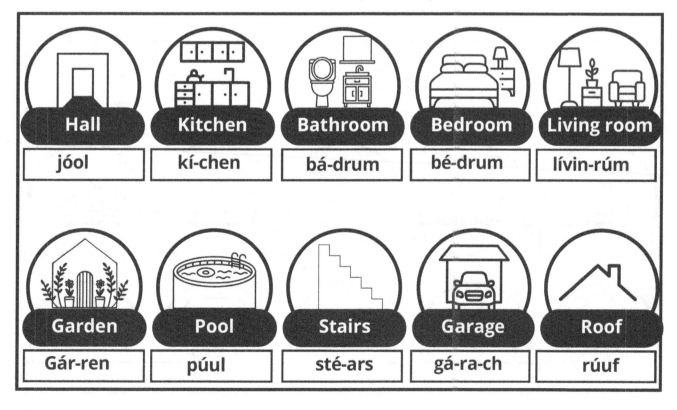

| Hall | Kitchen | Bathroom | Bedroom | Living room |
|------|---------|----------|---------|-------------|
| jóol | kí-chen | bá-drum | bé-drum | lívin-rúm |

| Garden | Pool | Stairs | Garage | Roof |
|--------|------|--------|--------|------|
| Gár-ren | púul | sté-ars | gá-ra-ch | rúuf |

# Practice (*practica*)

Lee las palabras que están en el cuadro y escribe debajo de la imagen. Cuando termine vuelve a la página anterior a verificar si están correctas.

- Pants
- Shirt
- Jacket
- Jeans
- Swimsuit
- T-shirt
- Skirt
- Dress
- Suit
- Blouse

- Garden
- Pool
- Hall
- Kitchen
- Bathroom
- Bedroom
- Living room
- Stairs
- Garage
- Roof

32

# Kitchen (*cocina*)

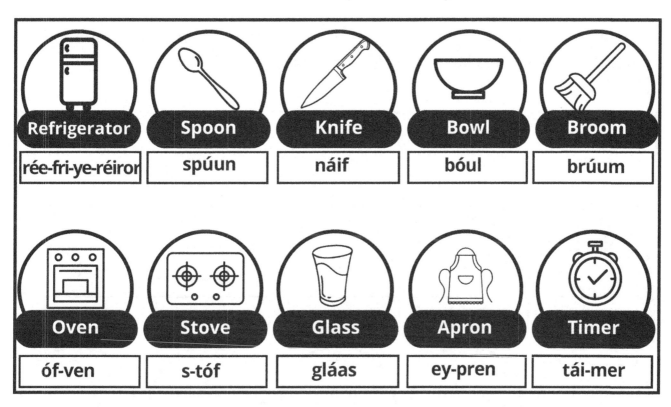

| | | | | |
|---|---|---|---|---|
| **Refrigerator** | **Spoon** | **Knife** | **Bowl** | **Broom** |
| rée-fri-ye-réiror | spúun | náif | bóul | brúum |
| **Oven** | **Stove** | **Glass** | **Apron** | **Timer** |
| óf-ven | s-tóf | gláas | ey-pren | tái-mer |

# Professions (Profesiones)

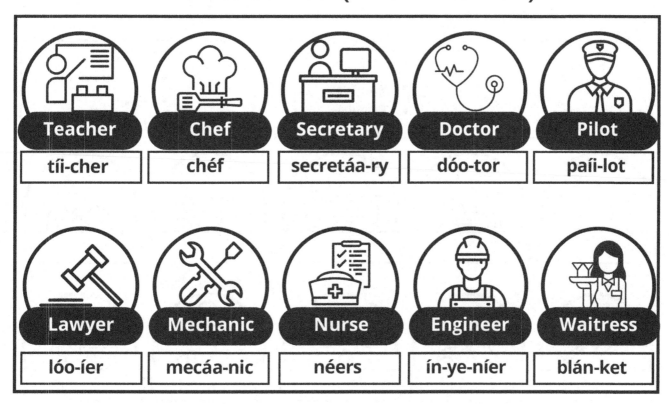

| | | | | |
|---|---|---|---|---|
| **Teacher** | **Chef** | **Secretary** | **Doctor** | **Pilot** |
| tíi-cher | chéf | secretáa-ry | dóo-tor | paíi-lot |
| **Lawyer** | **Mechanic** | **Nurse** | **Engineer** | **Waitress** |
| lóo-íer | mecáa-nic | néers | ín-ye-níer | blán-ket |

# Practice (*practica*)

Lee las palabras que están en el cuadro y escribe debajo de la imagen. Cuando termine vuelve a la página anterior a verificar si están correctas.

- Refrigerator
- Spoon
- Knife
- Bowl
- Broom
- Oven
- Stove
- Glass
- Apron
- Timer

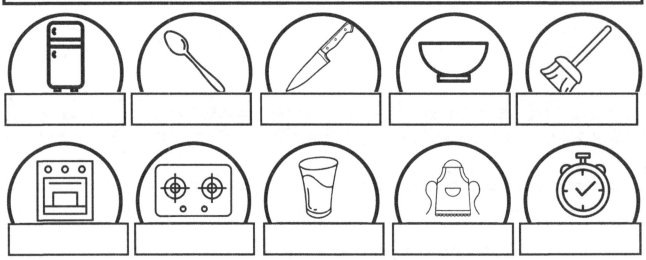

- Mechanic
- Nurse
- Engineer
- Lawyer
- Waitress
- Teacher
- Chef
- Secretary
- Doctor
- Pilot

# Pronombres sujetos (subject pronouns)

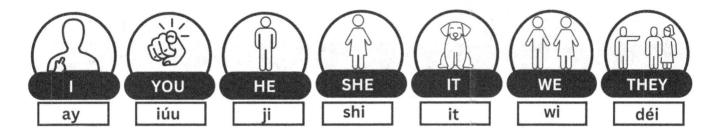

| I | YOU | HE | SHE | IT | WE | THEY |
|---|-----|-----|-----|-----|-----|------|
| ay | iúu | ji | shi | it | wi | déi |

Los pronombres sujetos se utilizan como sujeto de la oración y son "I" (yo), "you" (tú/usted), "he" (él), "she" (ella), "it" (él/ella), "we" (nosotros) y "they" (ellos/ellas).

En inglés, el pronombre "you" puede ser utilizado tanto para referirse a una sola persona (tú/usted) como a varias personas (ustedes). En el primer caso, es informal y en el segundo caso es formal.

El pronombre "it" se utiliza para referirse a una cosa o a un animal, es decir, a un objeto inanimado o a un ser vivo sin identidad humana, como un gato, perro o libro.

# Verbo to be

El verbo "to be" es un verbo auxiliar en inglés que se utiliza para **formar oraciones en tiempo presente y pasado,** así como también para formar oraciones continuas y pasivas.

Hay varias formas del verbo to be. "To be" también puede usarse como verbo principal para expresar identidad o existencia, como un ser humano.

Por ahora solo nos concentraremos en el tiempo presente y más adelante trabajaremos con los demás tiempo. **"AM, IS, ARE"**

Significa: "ser o estar" y su uso depende del pronombre (mirar la tabla.) --->
**Ejemplo:**
Ana **is** happy (Ana **está** feliz)
He **is** a doctor (Él **es** un doctor)
We **are** exited  (Nostros **estamos** emocionado)
They **are** sad (Ellos **están** triste)

| Pronombre | Verbo to be | Traducción |
|-----------|-------------|------------|
| I | **am** (am) | estoy |
| SHE HE IT | **is** (iz) | es/está |
| YOU WE THEY | **are** (ar) | Está Estamos Están |

# Pronombres posesivos (Possessive pronouns)

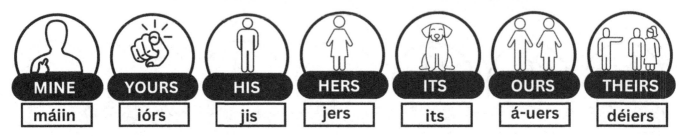

Los pronombres posesivos muestran propiedad o posesión y son "mine" (mío/a), "yours" (tuyo/a), "his" (suyo/a), "hers" (suyo/a), "its" (suyo/a), "ours" (nuestro/a) y "theirs" (suyo/a).

En inglés, los pronombres posesivos se forman añadiendo un apostrofe y la letra "s" al pronombre que ya aprendiste en la página anterior.  Por ejemplo, "my" (mi) se convierte en "mine" (mío/a), y "your" (tu/su) se convierte en "yours" (tuyo/a). Ejemplo:

**My** book (**mi** libro)          **Yours** pen (**su** lápiz)
**His** crayons (**su** crayons)          **Hers** notebook (**su** cuaderno)

# Adjetivos posesivos (Adjetive pronouns)

Los adjetivos posesivos en inglés se utilizan para mostrar a quién pertenece algo o alguien. Estos son "my, your, his, her, its, our, their". Por ejemplo:

**My** book (**Mi** libro)     **Your** skirt (Tu falda)     **His** pen (**Su** lápiz)     **Her** leg (su pierna)
**Its** tail  (**su** cola)          **Our** Spoon (nuestra cuchara)               **Their** jackets  (**sus** chaquetas)

**Los adjetivos posesivos y los pronombres posesivos son similares** en su función de mostrar a quién pertenece algo o alguien, pero su uso es diferente.

Adjetivos posesivos se usan antes de un sustantivo para modificarlo y mostrar su propiedad. Por ejemplo: "My car is red" (Mi coche es rojo).
Por otro lado, los pronombres posesivos se usan en lugar de un sustantivo **para mostrar propiedad.** Por ejemplo: "It's mine" (Es mío).

**Resumen**

| Pronombre sujetos | Pronombres posesivos | Pronombres adjetivos |
|---|---|---|
| I | Mine | My |
| You | Yours | Yours |
| She | Hers | Her |
| He | His | His |
| It | Its | Its |
| We | Ours | Our |
| They | Thiers | Their |
| You | Yours | Yours |

# Practice

## Coloca los pronombres personales como corresponde

| HE    WE    IT    THEY    SHE |
|---|

1. _____ is a doctor (Maria)
2. _____ is a teacher (Juan)
3. _____ are happy (Maria y Juan)
4. _____ is cool (el gato)
5. _____ are chefs ( Maria and I)

## Coloca el verbo "to be" donde corresponde

| IS          ARE          AM |
|---|

1. They_____ happy.
2. We_____ bored.
3. I_____ a teacher.
4. She_____ angry.
5. It_____ my book.
6. You_____ a secretary.
7. Ana and Maria _____ waitress.
8. It _____ a pen.

# Respuestas- Answers

1. SHE is a doctor (Maria)
2. HE is a teacher (Juan)
3. THEY are happy (Maria y Juan)
4. IT is cool (el gato)
5. WE are chefs ( Maria and I)

1. They are happy
2. We are bored
3. I am a teacher
4. She is angry
5. It. is my book
6. You _ a secretary
7. Ana and Maria are waitress
8. It is a pen

---

## This (dís)

Significa este o esta, y se usa cuando va hablar de algo o alguien que esta **cerca** de ti.

Ejemplo: **This** is my car (**Este** es mi carro)

## That (dáad)

Significa ese o esa, y se usa cuando va hablar de algo o alguien que esta **lejos** de ti.

Ejemplo: **This** is my car (**Ese** es mi carro)

## These (díis)

These es el plural de "this". Significa estos o estas.
Lo utilizas cuando va hablar de dos o más cosas que están **cerca** de ti.

Ejemplo: **These** are my car (**Esos** son mis carros)

## Those (dóos)

Those es el plural de that. Significa (aquellos/aquellas).
Lo utilizas cuando va hablar de dos o más cosas que están **lejos** de ti.

Ejemplo: **Those** are my car (**Aquellos** son mis carros)

# Parea con las imágenes correctas

**This**

**Those**

**These**

**That**

# Practice

**Complete las siguientes frases con los adjetivos posesivos apropiados:**

| our | your | my | her | their | its |
|-----|------|-----|-----|-------|-----|

a. This is _____ book. (I)

b. That is _____ car. (you)

c. Those are _____ skirt. (she)

d. The cat is sleeping on _____ bed. (it)

e. The house is _____. (we)

f. The dress is _____. (their)


**Complete las siguientes frases con los pronombres posesivos apropiados, leyendo la traducción para darte una pista: Si lo olvidaste puedes volver a repasarlo.**

a. This book is _____ . (ese libro es **mío**)

b. That is _____ car. (ese es **tú** carro)

c. Those are _____ skirts. (Esas son **sus** faldas)

d. The cat is sleeping on _____ bed. (El **gato** está durmiendo en su cama)

e. The house is _____. (La casa es **nuestra**)

f. The dress is _____. (El vestido es de **ellos**)

------------------------------------------------

Respuestas

a. This is my book.

b. That is your car.

c. Those are her skirts.

d. The cat is sleeping on its bed.

e. The house is our.

f. The dress is their.

a. This book is mine.

b. That is your car.

c. Those are her skirts.

d. The cat is sleeping on its bed.

e. The house is our. (we)

f. The dress is their.

# Nature (Naturaleza)

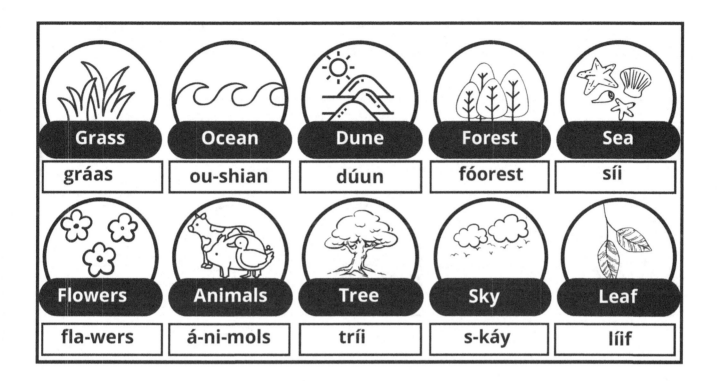

| Grass | Ocean | Dune | Forest | Sea |
|-------|-------|------|--------|-----|
| gráas | ou-shian | dúun | fóorest | síi |

| Flowers | Animals | Tree | Sky | Leaf |
|---------|---------|------|-----|------|
| fla-wers | á-ni-mols | tríi | s-káy | líif |

# Animals (Animales)

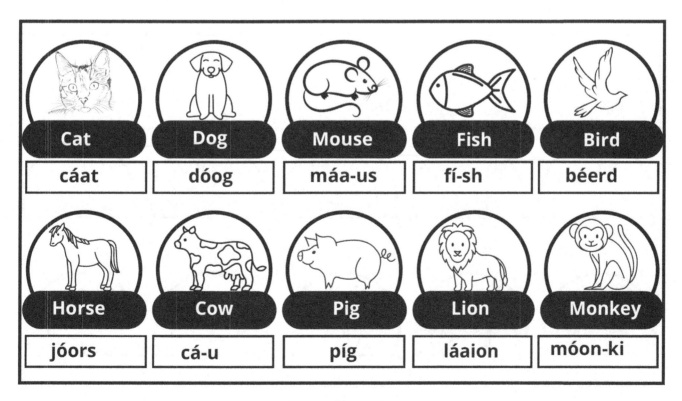

| Cat | Dog | Mouse | Fish | Bird |
|-----|-----|-------|------|------|
| cáat | dóog | máa-us | fí-sh | béerd |

| Horse | Cow | Pig | Lion | Monkey |
|-------|-----|-----|------|--------|
| jóors | cá-u | píg | láaion | móon-ki |

# Practice *(practica)*

**Lee las palabras que están en el cuadro y escribe debajo de la imagen. Cuando termine vuelve a la página anterior a verificar si están correctas.**

- Leaf
- Forest
- Sea
- Animals
- Tree
- Sky
- Grass
- Ocean
- Dune
- Flowers

- Bird
- Lion
- Pig
- Cat
- Dog
- Horse
- Cow
- Monkey
- Mouse
- Fish

# Bathroom *(Baño)*

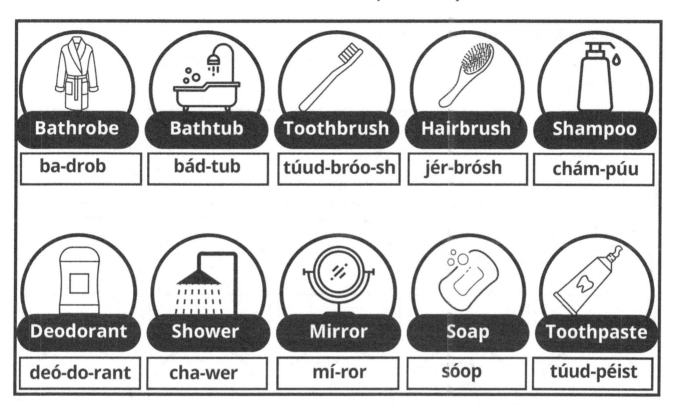

| | | | | |
|---|---|---|---|---|
| **Bathrobe** | **Bathtub** | **Toothbrush** | **Hairbrush** | **Shampoo** |
| ba-drob | bád-tub | túud-bróo-sh | jér-brósh | chám-púu |
| **Deodorant** | **Shower** | **Mirror** | **Soap** | **Toothpaste** |
| deó-do-rant | cha-wer | mí-ror | sóop | túud-péist |

# Bedroom *(habitación)*

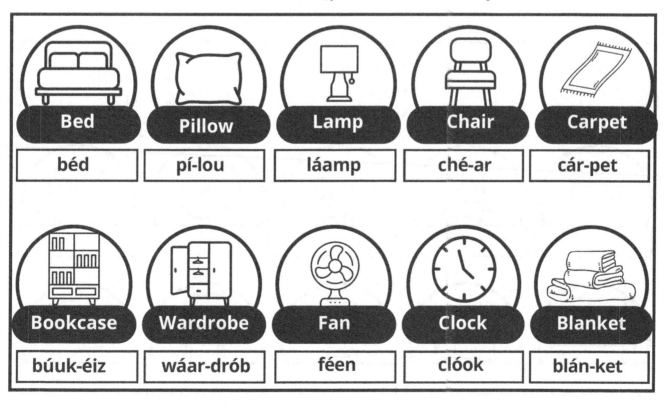

| | | | | |
|---|---|---|---|---|
| **Bed** | **Pillow** | **Lamp** | **Chair** | **Carpet** |
| béd | pí-lou | láamp | ché-ar | cár-pet |
| **Bookcase** | **Wardrobe** | **Fan** | **Clock** | **Blanket** |
| búuk-éiz | wáar-drób | féen | clóok | blán-ket |

# Practice (*practica*)

Lee las palabras que están en el cuadro y escribe debajo de la imagen.
Cuando termine vuelve a la página anterior a verificar si están
correctas.

| | | |
|---|---|---|
| • Bathrobe | • Mirror | • Hairbrush |
| • Bathtub | • Soap | • Shampoo |
| • Toothbrush | • Toothpaste | • Deodorant |
| | | • Shower |

| | | |
|---|---|---|
| • Blanket | • Wardrobe | • Lamp |
| • Chair | • Fan | • Bookcase |
| • Carpet | • Clock | • Bed |
| | | • Pillow |

44

# Hospital *(Hospital)*

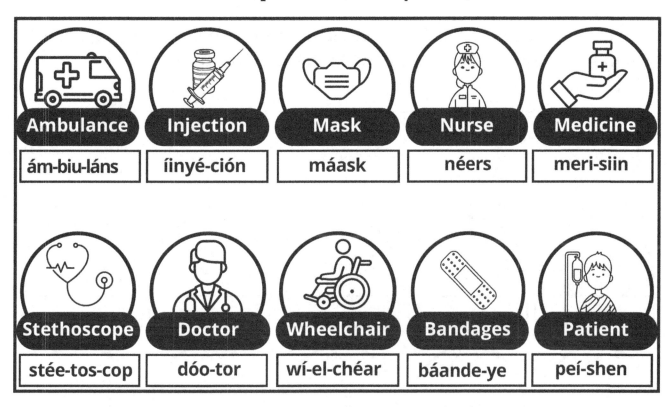

| Ambulance | Injection | Mask | Nurse | Medicine |
|---|---|---|---|---|
| ám-biu-láns | íinyé-ción | máask | néers | meri-siin |

| Stethoscope | Doctor | Wheelchair | Bandages | Patient |
|---|---|---|---|---|
| stée-tos-cop | dóo-tor | wí-el-chéar | báande-ye | peí-shen |

# Weather (Clima)

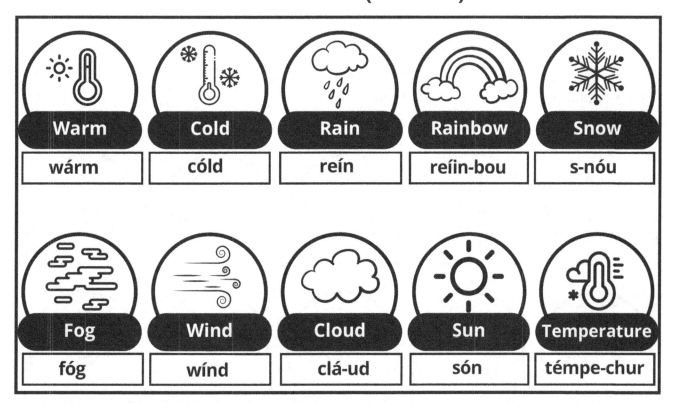

| Warm | Cold | Rain | Rainbow | Snow |
|---|---|---|---|---|
| wárm | cóld | reín | reíin-bou | s-nóu |

| Fog | Wind | Cloud | Sun | Temperature |
|---|---|---|---|---|
| fóg | wínd | clá-ud | són | témpe-chur |

# Practice (*practica*)

Lee las palabras que están en el cuadro y escribe debajo de la imagen. Cuando termine vuelve a la página anterior a verificar si están correctas.

- Stethoscope
- Doctor
- Wheelchair
- Ambulance
- Injection
- Mask
- Nurse
- Medicine
- Bandages
- Patient

- Rain
- Rainbow
- Snow
- Cloud
- Sun
- Temperature
- Warm
- Cold
- Fog
- Wind

# Places *(Lugares)*

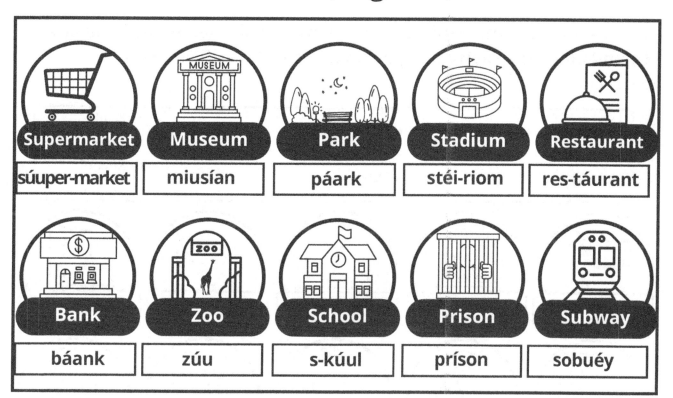

| Supermarket | Museum | Park | Stadium | Restaurant |
|---|---|---|---|---|
| súuper-market | miusían | páark | stéi-riom | res-táurant |

| Bank | Zoo | School | Prison | Subway |
|---|---|---|---|---|
| báank | zúu | s-kúul | príson | sobuéy |

# Transport (transporte)

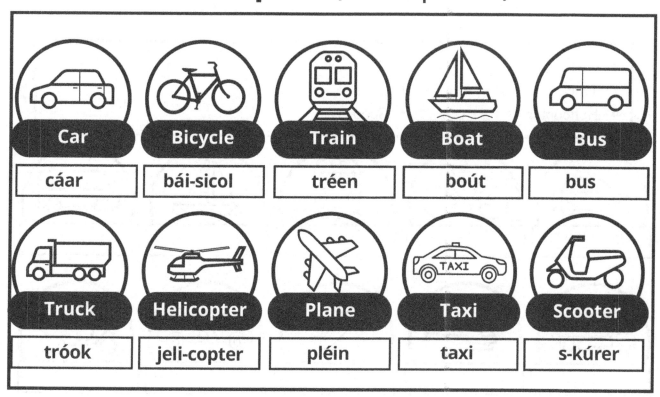

| Car | Bicycle | Train | Boat | Bus |
|---|---|---|---|---|
| cáar | bái-sicol | tréen | boút | bus |

| Truck | Helicopter | Plane | Taxi | Scooter |
|---|---|---|---|---|
| tróok | jeli-copter | pléin | taxi | s-kúrer |

# Practice *(practica)*

**Lee las palabras que están en el cuadro y escribe debajo de la imagen. Cuando termine vuelve a la página anterior a verificar si están correctas.**

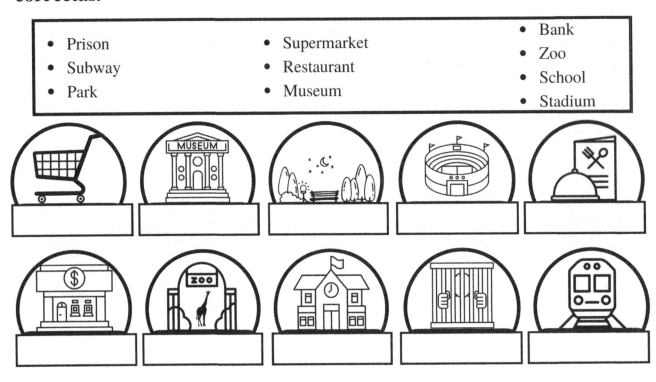

- Prison
- Subway
- Park
- Supermarket
- Restaurant
- Museum
- Bank
- Zoo
- School
- Stadium

- Car
- Truck
- Helicopter
- Plane
- Taxi
- Scooter
- Bicycle
- Train
- Boat
- Bus

# Hobbies
*(Pasatiempos)*

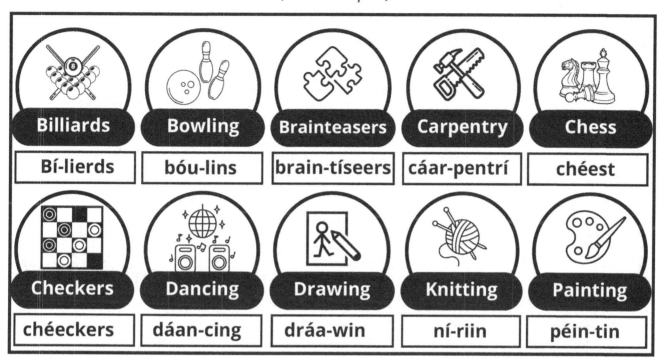

| | | | | |
|---|---|---|---|---|
| **Billiards** | **Bowling** | **Brainteasers** | **Carpentry** | **Chess** |
| Bí-lierds | bóu-lins | brain-tíseers | cáar-pentrí | chéest |
| **Checkers** | **Dancing** | **Drawing** | **Knitting** | **Painting** |
| chéeckers | dáan-cing | dráa-win | ní-riin | péin-tin |

# Outdoor Activities
*(Actividades al aire libre)*

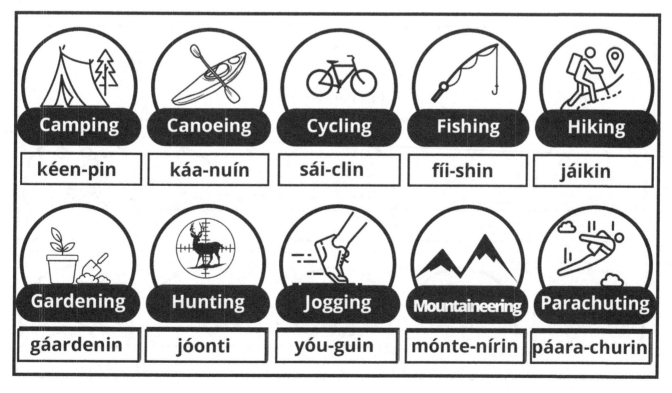

| | | | | |
|---|---|---|---|---|
| **Camping** | **Canoeing** | **Cycling** | **Fishing** | **Hiking** |
| kéen-pin | káa-nuín | sái-clin | fíi-shin | jáikin |
| **Gardening** | **Hunting** | **Jogging** | **Mountaineering** | **Parachuting** |
| gáardenin | jóonti | yóu-guin | mónte-nírin | páara-churin |

# Practice *(practica)*

**Lee las palabras que están en el cuadro y escribe debajo de la imagen. Cuando termine vuelve a la página anterior a verificar si están correctas.**

- Dancing
- Drawing
- Knitting
- Painting
- Chess
- Brainteaser
- Billiards
- Bowling
- Carpentry
- Checkers

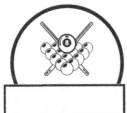    

- Gardening
- Hunting
- Camping
- Canoeing
- Cycling
- Fishing
- Hiking
- Jogging
- Parachuting
- Mountaineering

# Instruments (Instrumentos)

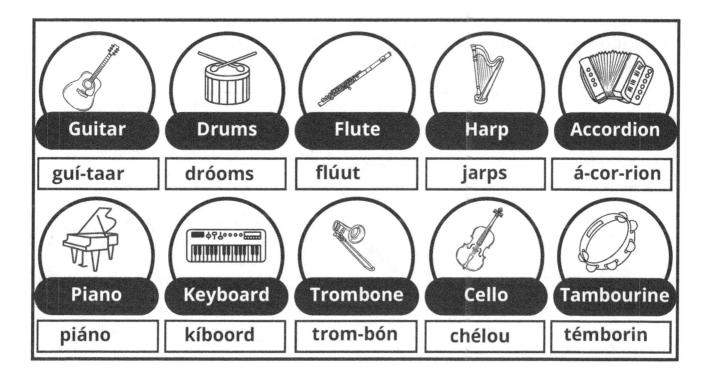

| | | | | |
|---|---|---|---|---|
| **Guitar** | **Drums** | **Flute** | **Harp** | **Accordion** |
| guí-taar | dróoms | flúut | jarps | á-cor-rion |
| **Piano** | **Keyboard** | **Trombone** | **Cello** | **Tambourine** |
| piáno | kíboord | trom-bón | chélou | témborin |

# Technology (Tecnología)

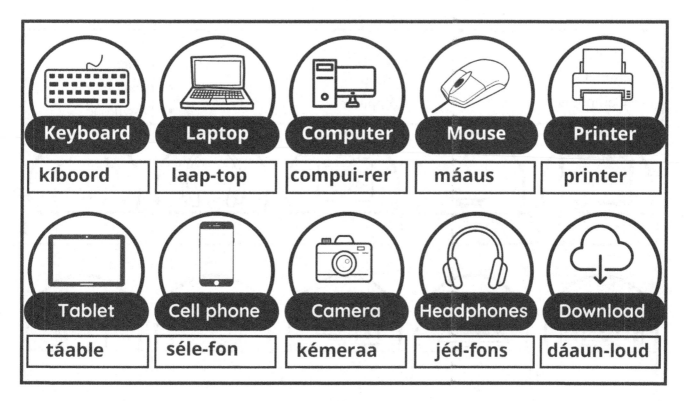

| | | | | |
|---|---|---|---|---|
| **Keyboard** | **Laptop** | **Computer** | **Mouse** | **Printer** |
| kíboord | laap-top | compui-rer | máaus | printer |
| **Tablet** | **Cell phone** | **Camera** | **Headphones** | **Download** |
| táable | séle-fon | kémeraa | jéd-fons | dáaun-loud |

# Practice *(practica)*

**Lee las palabras que están en el cuadro y escribe debajo de la imagen. Cuando termine vuelve a la página anterior a verificar si están correctas.**

- Flute
- Harp
- Accordion
- Guitar
- Piano
- Keyboard
- Trombone
- Cello
- Tambourine
- Drums

- Printer
- Tablet
- Cell phone
- Keyboard
- Laptop
- Computer
- Mouse
- Camera
- Headphones
- Download

# Illnesses (Enfermedades)

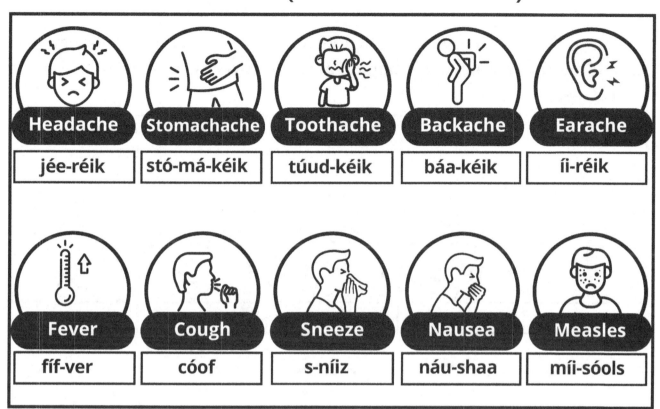

| Headache | Stomachache | Toothache | Backache | Earache |
|----------|-------------|-----------|----------|---------|
| jée-réik | stó-má-kéik | túud-kéik | báa-kéik | íi-réik |

| Fever | Cough | Sneeze | Nausea | Measles |
|-------|-------|--------|--------|---------|
| fíf-ver | cóof | s-níiz | náu-shaa | míi-sóols |

# Sports (Deportes)

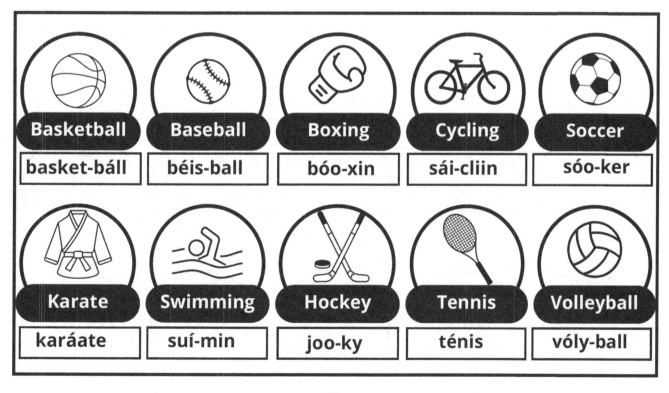

| Basketball | Baseball | Boxing | Cycling | Soccer |
|------------|----------|--------|---------|--------|
| basket-báll | béis-ball | bóo-xin | sái-cliin | sóo-ker |

| Karate | Swimming | Hockey | Tennis | Volleyball |
|--------|----------|--------|--------|------------|
| karáate | suí-min | joo-ky | ténis | vóly-ball |

# Practice (*practica*)

**Lee las palabras que están en el cuadro y escribe debajo de la imagen. Cuando termine vuelve a la página anterior a verificar si están correctas.**

- Fever
- Cough
- Sneeze
- Nausea
- Measles
- Headache
- Toothache
- Backache
- Earache
- Stomachache

- Karate
- Swimming
- Hockey
- Baseball
- Boxing
- Tennis
- Basketball
- Volleyball
- Cycling
- Soccer

# Car (carro)

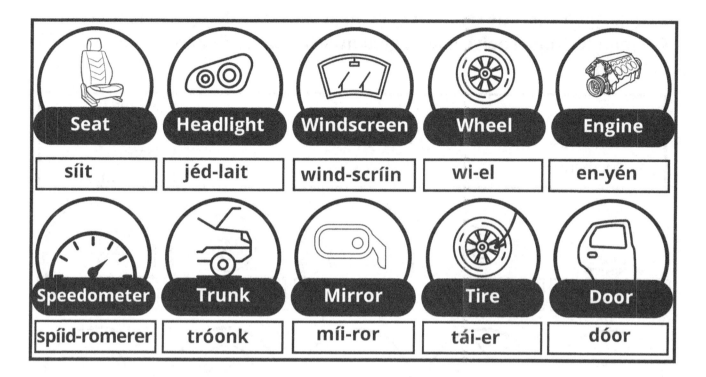

| | | | | |
|---|---|---|---|---|
| **Seat** | **Headlight** | **Windscreen** | **Wheel** | **Engine** |
| síit | jéd-lait | wind-scríin | wi-el | en-yén |
| **Speedometer** | **Trunk** | **Mirror** | **Tire** | **Door** |
| spíid-romerer | tróonk | míi-ror | tái-er | dóor |

# Airport (Aeropuerto)

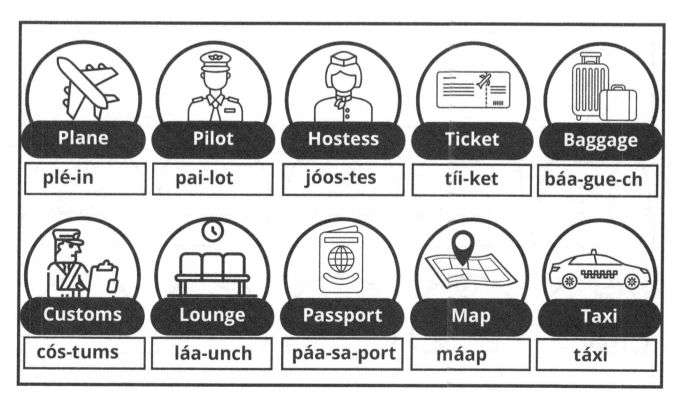

| | | | | |
|---|---|---|---|---|
| **Plane** | **Pilot** | **Hostess** | **Ticket** | **Baggage** |
| plé-in | pai-lot | jóos-tes | tíi-ket | báa-gue-ch |
| **Customs** | **Lounge** | **Passport** | **Map** | **Taxi** |
| cós-tums | láa-unch | páa-sa-port | máap | táxi |

# Practice (*practica*)

Lee las palabras que están en el cuadro y escribe debajo de la imagen. Cuando termine vuelve a la página anterior a verificar si están correctas.

- Seats
- Headlights
- Windscreen
- Wheel
- Engine
- Trunk
- Mirror
- Tire
- Door
- Speedometer

- Ticket
- Baggage
- Customs
- Passport
- Map
- Taxi
- Plane
- Pilot
- Hostess
- Lounge

# Countries (Países)

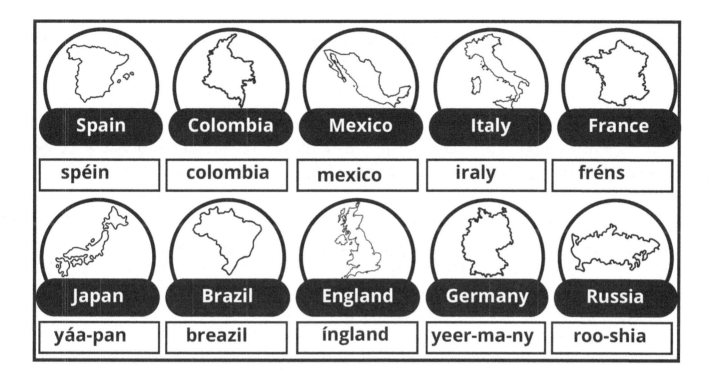

| Spain | Colombia | Mexico | Italy | France |
|-------|----------|--------|-------|--------|
| spéin | colombia | mexico | iraly | fréns |

| Japan | Brazil | England | Germany | Russia |
|-------|--------|---------|---------|--------|
| yáa-pan | breazil | íngland | yeer-ma-ny | roo-shia |

# Nationalities (Nacionalidades)

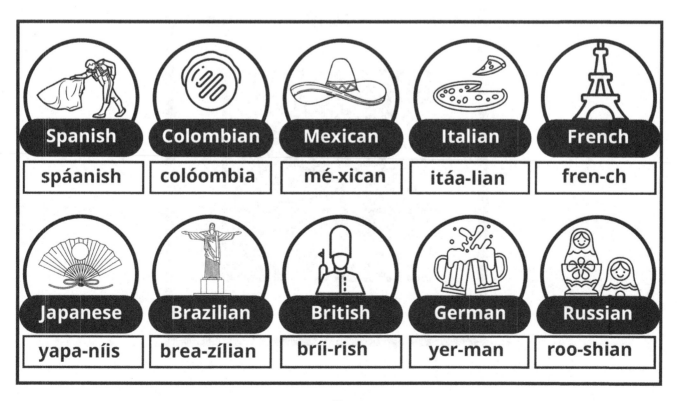

| Spanish | Colombian | Mexican | Italian | French |
|---------|-----------|---------|---------|--------|
| spáanish | colóombia | mé-xican | itáa-lian | fren-ch |

| Japanese | Brazilian | British | German | Russian |
|----------|-----------|---------|--------|--------|
| yapa-níis | brea-zílian | bríi-rish | yer-man | roo-shian |

Espero que estén disfrutando de este libro tanto como yo disfruté escribiéndolo.

Si desean compartir su experiencia y ayudar a otros lectores a descubrir este libro, los invito a escanear el QR code y dejarme una reseña en Amazon.

Estaré agradecida por cada palabra amable que compartan conmigo.

# Adverbios

Los adverbios son palabras que describen cómo, cuándo, dónde o con qué frecuencia ocurre la acción expresada por el verbo. Por ejemplo: I walked **quickly** "caminé **rápidamente**".

| | | |
|---|---|---|
| **Quickly** (quíi-cli) | rápidamente | **<--Lee 3 veces o más** |
| **Slowly** (s-lóu-ly) | lentamente | |
| **Loudly** (lóud-ly) | ruidosamente | |
| **Softly** (sóofo-ly) | suavemente | |
| **Well** (wel) | bien | |
| **Badly** (báad-ly) | mal | |
| **Early** (ér-ly) | temprano | |
| **Late** (léeit) | tarde | |
| **Here** (jí-er) | aquí | |
| **There** (dé-ar) | allí | |
| **Always** (ó-weis) | siempre | |
| **Never** (né-ver) | nunca | |
| **Occasionally** (ókey-shio-naly) | ocasionalmente | |
| **Frequently** (fré-quen-ly) | frecuentemente | |
| **Usually** (ushuá-ly) | usualmente | |
| **Almost** (ó-most) | casi | |
| **Completely** (complít-ly) | completamente | |
| **Clearly** (clí-er-ly) | claramente | |
| **Suddenly** (sú-ren-ly) | repentinamente | |
| **Immediately** (ími-ria-ly) | inmediatamente | |
| **Actually** (áchua-ly) | en realidad | |
| **Naturally** (nátu-raly) | naturalmente | |
| **Obviously** (óvious-ly) | obviamente | |
| **Especially** (espé-chia-ly) | especialmente | |
| **Basically** (béi-si-cli) | básicamente | |

# Traduce los adverbios

| | |
|---|---|
| **Quickly** (quíicli) | |
| **Slowly** (slóuly) | |
| **Loudly** (lóuly) | |
| **Softly** (sóofoly) | |
| **Well** (wel) | |
| **Badly** (báadly) | |
| **Early** (érly) | |
| **Late** (léeit) | |
| **Here** (jíer) | |
| **There** (déar) | |
| **Always** (óweis) | |
| **Never** (néver) | |
| **Occasionally** (ókey-shionaly) | |
| **Frequently** (fréquenly) | |
| **Usually** (ushuá-ly) | |
| **Almost** (ómost) | |
| **Completely** (complíily) | |
| **Clearly** (clíerly) | |
| **Suddenly** (súrenly) | |
| **Immediately** (ínmirialy) | |
| **Actually** (áchualy) | |
| **Naturally** (náturaly) | |
| **Obviously** (óviously) | |
| **Especially** (espéchialy) | |
| **Basically** (béisicli) | |

# Adjetivos

## Lee 3 veces o más

| | |
|---|---|
| **Acid** (áacid) | Ácido |
| **Angry** (éngri) | Enfadado |
| **Asleep** (aés-líip) | Dormido |
| **Awake** (awéik) | Despierto |
| **Bad** (báad) | Malo |
| **Beautiful** (bíu-rifol) | Precioso |
| **Bitter** (bírer) | Agrio |
| **Bright** (bráit) | Brillante |
| **Cheap** (chíip) | Barato |
| **Clean** (clíin) | Limpio |
| **Clear** (clíar) | Claro |
| **Cold** (cold) | Frío |
| **Cool** (cúul) | Fresco |
| **Cruel** (crúol) | Cruel |
| **Deep** (díip) | Profundo |
| **Delicate** (deli-keit) | Delicado |
| **Different** (díferent) | Diferente |
| **Dirty** (déri) | Sucio |
| **Dry** (drái) | Seco |
| **Early** (erli) | Temprano |
| **Exhausted** (exáausted) | Agotado |
| **False** (fóls) | Falso |

| | |
|---|---|
| **Far** (fáar) | Lejos |
| **Fat** (fáat) | Gordo |
| **Feeble** (fíibol) | Débil |
| **Flat** (fláat) | Llano |
| **Foolish** (fúulish) | Tonto, estúpido |
| **Free** (fri) | Libre |
| **Full** (fúul) | Lleno |
| **Generous** (yénerous) | Generoso |
| **Good** (gúud) | Bueno |
| **Great** (gréeit) | Estupendo |
| **Handsome** (jánd-som) | Atractivo |
| **Happy** (jáapi) | Feliz |
| **Hard** (jáard) | Duro |
| **Healthy** (jéldi) | Saludable |
| **Heavy** (jevi) | Pesado |
| **High** (jai) | Alto |
| **Hollow** (jalóu) | Hueco |
| **Hot** (jot) | Caliente |
| **Huge** (juish) | Enorme |
| **Hungry** (jóngrii) | Hambriento |
| **Ill** (íel) | Enfermo |
| **Left** (left) | Izquierda |
| **Light** (láit) | Ligero |
| **Long** (loong) | Largo |

# Adjetivos

## Lee 3 veces o más

| | | | | |
|---|---|---|---|---|
| **Loud** (laod) | Ruidoso | | **Short** (shoort) | Corto |
| **Lovely** (lóofli) | Bonito | | **Shut** (shóot) | Cerrado |
| **Mean** (míin) | Tacaño | | **Simple** (símpol) | Simple |
| **Messy** (máasi) | Desordenado | | **Smooth** (smúud) | Fino, delicado |
| **Natural** (náatural) | Natural | | **Soft (soft)** | Suave |
| **Narrow** (náarou) | Estrecho | | **Solid** (sólid) | Sólido |
| **Near** (níer) | Cerca | | **Special** (spesial) | Especial |
| **Necessary** (nesesary) | Necesario | | **Spicy** (spáisi) | Picante |
| **New** (níiu) | Nuevo | | **Steep** (stíip) | Empinado |
| **Old** (old) | Viejo | | **Sticky** (stíiki) | Pegajoso |
| **Open** (ópen) | Abierto | | **Straight** (stréit) | Recto, directo |
| **Opposite** (óposit) | Contrario | | **Strange** (stréench) | Extraño |
| **Parallel** (pérolou) | Paralelo | | **Strong** (stróong) | Fuerte |
| **Poor** (poor) | Pobre | | **Sudden** (súuren) | Repentino |
| **Private** (práif-vat) | Privado | | **Sweet** (suíit) | Dulce |
| **Quick** (quíik) | Rápido | | **Thick** (dik) | Grueso |
| **Quiet** (cuaíet) | Tranquilo | | **Thin** (din) | Delgado |
| **Ready** (réedi) | Preparado | | **Tight** (taíit) | Ajustado, ceñido |
| **Rich** (rich) | Rico | | **Tired** (táierd) | Cansado |
| **Right** (ruait) | Derecha, correcto | | **True** (trú) | Verdadero |
| **Rough** (rúuf) | Áspero | | **Ugly** (ogli) | Feo |
| **Sad** (sáad) | Triste | | **Violent** (vaíolet) | Violento |
| **Safe** (séif) | Seguro | | **Warm** (waarm) | Caluroso, caliente |
| **Serious** (síirious) | Serio | | **Weak** (wíik) | Débil |
| **Sharp** (sháarp) | Afilado | | **Wet** (wét) | Húmedo |
| | | | **Wide** (waid) | Ancho |
| | | | **Wise** (wais) | Sabio |

# Traduce los adjetivos

Asleep _____

Bad _____

Beautiful_____

Cheap_____

Dirty_____

Good_____

Great_____

Hard_____

Heavy_____

Huge_____

Ill_____

Loud_____

Near_____

New_____

Old_____

Rich_____

Safe_____

Short_____

Strange_____

Hungry_____

Tired_____

Wet_____

Weak_____

Ugly_____

Quiet_____

Wise_____

Ready_____

Strong_____

**Haz 3 oraciones usando los adjetivos: "bad, new and old" Ej: My car is new.**

1._____

2._____

3._____

# Listas de preposiciones más usadas en Inglés

| | | |
|---|---|---|
| **of** (of) - **de** | **after** (áfter) - **después de** | **within** (widín) - **dentro de** |
| **in** (in) - **en** | **over** (of-ver) - **sobre** | **among** (amóng) - **entre** |
| **to** (tu) - **a** | **between** (bi-tui-in) - **entre** | **upon** (upón) - **sobre** |
| **with** (wíid) - **con** | **out** (áot) - **fuera** | **toward** (tó-waard) - **hacia** |
| **for** (for) - **para** | **against** (é-geinst) - **contra** | **beside** (bi-sáid) - **al lado de** |
| **on** (on) - **en** | **during** (diú-rin) - **durante** | **behind** (bi-jáind) - **detrás de** |
| **by** (bay) - **por** | **without** (widáot) - **sin** | **beyond** (bi-íon) - **más allá de** |
| **about** (abáa-ot) - **acerca** | **before** (bi-fó-ar) - **antes** | **inside** (in-sáid) - **dentro** |
| **like** (láik) - **como** | **under** (ónder) - **debajo de** | **despite** (dis-páit) - **a pesar de** |
| **through** (dróou) - **a través de** | **around** (ará-und) - alrededor de | **except** (exépt) - **excepto** |

## Ejemplos de preposiciones en oraciones

Las **preposiciones** en inglés son palabras que indican una **relación espacial o temporal** entre objetos o eventos. Son importantes para construir frases coherentes y con sentido. Algunos ejemplos de preposiciones en inglés son: "in", "on", "at", "by", "with", etc.

**Ejemplos**:

"The book is **on** the table." (El libro está **sobre** la mesa.)

"I will meet you **at** the park." (Te encontraré **en** el parque.)

"She is sitting **in** the car." (Ella está sentada **en** el coche.)

"I will be there **by** 5 PM." (Estaré allí **a** las 5 PM.)

"I will play the guitar **with** my friends." (Tocaré la guitarra **con** mis amigos.)

Algunas preposiciones también pueden indicar **dirección o movimiento**, como "to", "from", "towards", "into", etc.

**Ejemplos:**

- "I am going **to** the store." (Estoy yendo **a la** tienda.)
- "The cat jumped **from** the roof." (El gato saltó **desde** el tejado.)
- "She is walking **towards** the beach." (Ella está caminando **hacia** la playa.)
- "He threw the ball **into** the basket." (Él lanzó la pelota **en la** canasta.)

Además de las preposiciones de lugar y movimiento, también existen preposiciones que **indican tiempo**, como "in", "on", "at", "by", etc.

**Ejemplos:**

- "I will see you **in** the morning." (Te veré **por** la mañana.)
- "The party is **on** Saturday." (La fiesta **es** el sábado.)
- "She will arrive **at** 6 PM." (Ella llegará **a** las 6 PM.)
- "The work must be finished **by** tomorrow." (El trabajo debe estar terminado **para** mañana.)

# Pronombres indefinidos

Los pronombres de cantidad en inglés son aquellos que se utilizan para indicar la cantidad de algo:

- **<u>Some</u>** (sóm): algo, algunos, algunas.

Can I have **some** water, please? (¿Puedo tener **algo** de agua, por favor?)

- **<u>Any</u>** (ény) cualquier, alguno.

Do you have **any** plans for the weekend? (¿Tienes **algún** plan para el fin de semana?)

- **Few** (fíu): pocos, pocas.

There are **few** apples left. (Quedan **pocas** manzanas.)

- **Many** (mény): muchos, muchas.

There are **many** people here. (Hay **muchas** personas aquí.)

- **Most** (móst): la mayoría.

**Most** of the students passed the test. (**La mayoría** de los estudiantes aprobaron la prueba.)

- **Little** (líror): poco, poca.

There's **little** food left. (Queda **poco** comida.)

- **A lot of** (alórof): mucho, mucha.

There's **a lot of** traffic today. (Hay **mucho** tráfico hoy.)

# Pronombres de negación

Los pronombres de negación en inglés son aquellos que se utilizan para negar o refutar una afirmación o sujeto.

**Not** (nót) "no"
**Neither** (níder) : ni...ni"
**No**: no
**Nobody** (nóubary) : "nadie"
**Nothing** (nátin): "nada"
**Nowhere**: "en ningún lugar"

# Ejemplos de como se usan

- "**not**": se coloca después del verbo auxiliar o después del verbo principal si no hay verbo auxiliar. Ejemplo "I am **not** going to the party." "**No** voy a la fiesta."

- "**neither**...**nor**": se utiliza para negar dos cosas al mismo tiempo. Ejemplo: "**Neither** John nor Jane is coming to the meeting." "**Ni** Juan **ni** Ana van a la reunión."

- "**no**": se utiliza para negar un sustantivo o una acción en general. Ejemplo "No dogs are allowed in the park." "No se permiten perros en el parque."

- "**nobody**": se utiliza para negar una persona. Ejemplo: "**Nobody** knows the answer." "**Nadie** sabe la respuesta."

- "**nothing**": se utiliza para negar una cosa. Ejemplo: "**Nothing** is wrong." "**Nada** está mal."

- "**nowhere**": se utiliza para negar un lugar. Ejemplo en inglés: "Nowhere to go." "No hay adónde ir."

# Pronombres de lugares

1. **There** (déar**) allá**
2. **Everywhere** (ebri-wéar)
3. **Anywhere** (eny-wéar)
4. **Nowhere** (no-wéar)
5. **Anyplace** (eny-pléis)
6. **Somewhere** (som-wéar)

# Ejemplos de como se usan

- **"anywhere"**: se utiliza para hacer referencia a un lugar no específico. Ejemplo en inglés: "Can you go anywhere for the holidays?" Traducción al español: "¿Puedes ir a cualquier lugar para las vacaciones?"

- **"nowhere"**: se utiliza para hacer referencia a un lugar que no existe o no está disponible. Ejemplo en inglés: "There's nowhere to hide." Traducción al español: "No hay lugar donde esconderse."

- **"everywhere"**: se utiliza para hacer referencia a un lugar en todas partes. Ejemplo en inglés: "People are talking about it everywhere." Traducción al español: "La gente está hablando de ello en todas partes."

- **"anyplace"**: se utiliza para hacer referencia a cualquier lugar. Ejemplo en inglés: "Can we meet anyplace for lunch?" Traducción al español: "¿Podemos encontrarnos en cualquier lugar para el almuerzo?"

- **"somewhere"**: se utiliza para hacer referencia a un lugar no específico. Ejemplo en inglés: "We can go somewhere else for dinner." Traducción al español: "Podemos ir a otro lugar para la cena."

# Verbos

Memoriza y Practica

Al final de todas las imágenes se encuentras las traducciones a español en caso de que tengas duda. Pero trata de entender o tener una idea, para de esta manera aprenderlo más natural.

**Nota**: Escribe en cartillas los verbos y llévalo contigo hasta que te lo aprendas. Ejemplo:

- Puedes hacer notas de 10 verbos y llevarlo contigo a todas partes y leerlo mientras espera.
- Puedes repetirlo 3 veces antes de irte a dormir.
- Puedes grabar tu voz y escucharlo mientras cocina, te baña, te ejercita, maneja, va en el tren o en el autobús, o en el tiempo de espera.
- Puedes ponerlo en practica y pensarlo. Ejemplo "si aprendiste a que "speak" es hablar, inicia en tu mente a decir "They speak" "I speak" hasta que se vuelva natural.
- Puedes complementar los verbos con el libro "Juega & Aprende Inglés: 1,000 Verbos más Usados en Inglés." Es super bueno para memorizar.

# Verbos

| Say | Go | See | Know | Take |
|-----|-----|-----|-----|-----|
| séy | góu | síi | nóou | téik |

| Think | Come | Give | Look | Find |
|-----|-----|-----|-----|-----|
| díink | cóom | gif | lúuk | fáind |

| Want | Tell | Put | Mean | Become |
|-----|-----|-----|-----|-----|
| wáant | téel | pút | míin | bicóom |

| Leave | Work | Need | Feel | Watch |
|-----|-----|-----|-----|-----|
| líif | wórk | níid | fíil | wáach |

| Ask | Show | Try | Call | Hold |
|-----|-----|-----|-----|-----|
| ásk | shóu | traí | cól | jóold |

| keep | Provide | Turn | Follow | Begin |
|------|---------|------|--------|-------|
| kíip | prováid | téern | falóu | biguín |

| Start | Bring | Like | Help | Run |
|-------|-------|------|------|-----|
| stáart | bríng | láik | jélp | róon |

| Write | Set | Move | Be | Do |
|-------|-----|------|-----|-----|
| wriíit | séet | muúf | bi | du |

| Get | Create | Learn | Consider | Use |
|-----|--------|-------|----------|-----|
| get | cri-éit | léern | con-sí-rerer | ius |

| Play | Pay | Hear | Listen | Meet |
|------|-----|------|--------|------|
| pléy | péy | jíer | lísen | míit |

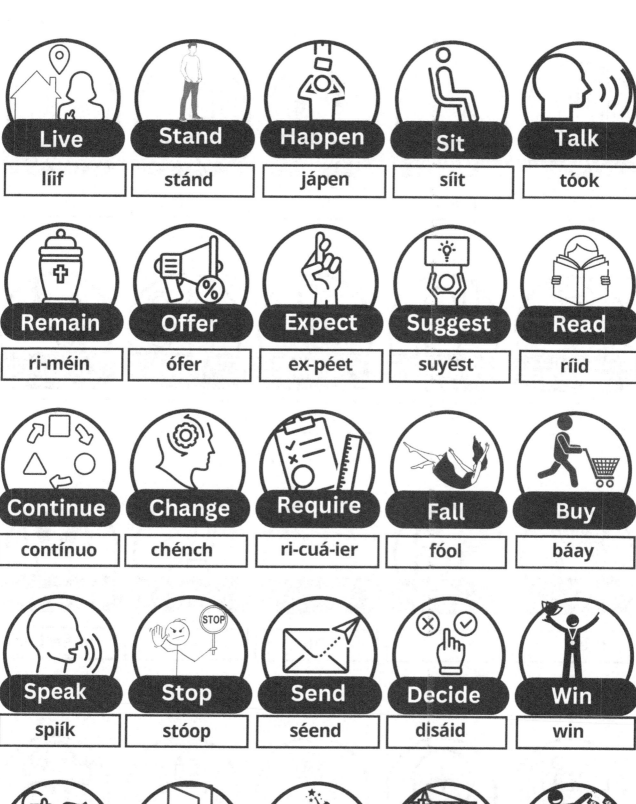

| | | | | |
|---|---|---|---|---|
| **Live** | **Stand** | **Happen** | **Sit** | **Talk** |
| líif | stánd | jápen | síit | tóok |
| **Remain** | **Offer** | **Expect** | **Suggest** | **Read** |
| ri-méin | ófer | ex-péet | suyést | ríid |
| **Continue** | **Change** | **Require** | **Fall** | **Buy** |
| contínuo | chénch | ri-cuá-ier | fóol | báay |
| **Speak** | **Stop** | **Send** | **Decide** | **Win** |
| spiík | stóop | séend | disáid | win |

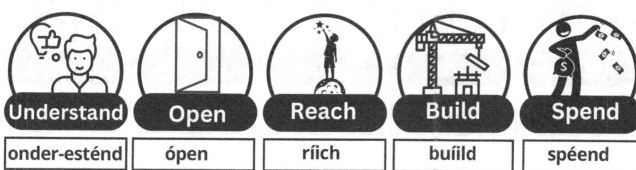

| | | | | |
|---|---|---|---|---|
| **Understand** | **Open** | **Reach** | **Build** | **Spend** |
| onder-esténd | ópen | ríich | buíild | spéend |

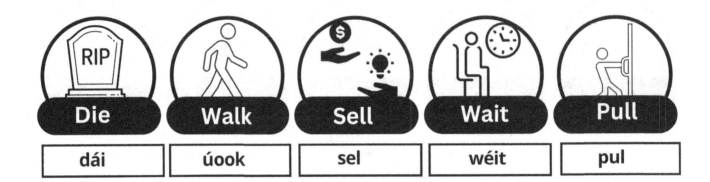

| Die | Walk | Sell | Wait | Pull |
|-----|------|------|------|------|
| dái | úook | sel | wéit | pul |

| Lie | Raise | Found | Cut | Pass |
|-----|-------|-------|-----|------|
| lai | réeis | fáund | kot | páas |

| Make | Let | Grow | Sit | Remember |
|------|-----|------|-----|----------|
| méik | let | gróu | síit | rimémber |

| Include | Add | Believe | Lead | Allow |
|---------|-----|---------|------|-------|
| in-clúud | áad | bilíif | líid | aláo |

**Serve**

séerf

**Kill**

kíil

**Drive**

dráif

**Wish**

wish

**Stay**

stéi

**Eat**

ít

**Forget**

forgét

**Love**

lóof

**Save**

séif

**Teach**

tíich

**Fly**

flái

**Sleep**

slíip

**Laugh**

láaf

**Arise**

aráis

**Born**

bóorn

**Wake**

wéik

**Cook**

cúuk

**Bake**

béik

**Kick**

kíik

**Kiss**

kíis

**Have**

jáaf

**Hide**

jáid

**Cry**

cráy

**Sing**

síing

**Drink**

dríink

**Dress**

dréss

**Earn**

éern

**Truth**

trúud

**Jump**

yómp

**Guess**

gués

**Wash**

wásh

**Clean**

clíin

**Blame**

bléim

**Fault**

faólt

**Get**

gét

**Swim**

swíim

**Paint**

péint

**Dance**

dáanst

**Sing**

síing

**Smile**

smái-ol

# Verbos traducidos

| | | | | | | | |
|---|---|---|---|---|---|---|---|
| Say | Decir | keep | mantener | Live | Vivir |
| Go | Ir | Provide | Proveer | Stand | Estar de pie |
| See | Ver | Turn | Girar | Happen | Suceder |
| Know | Saber | Follow | Seguir | Talk | Hablar |
| Take | Llevar | Begin | Comenzar | Sit | Sentar |
| Think | Pensar | Start | Iniciar | Remain | Permanecer |
| Come | Venir | Bring | Traer | Offer | Oferta |
| Give | Dar | Like | Gustar | Expect | Suponer |
| Look | Mirar | Help | Ayudar | Suggest | Sugerir |
| Find | Encontrar | Run | Correr | Read | Leer |
| Want | Desear | Set | Colocar | Require | Exigir |
| Tell | Contar | Move | Mover | Continue | Continuar |
| Put | Poner | Be | Ser | Change | Cambio |
| Mean | Significar | Write | Escribir | Fall | Caer |
| Become | Convertir | Do | Hacer | Buy | Comprar |
| Leave | Vete | Get | Conseguir | Speak | Hablar |
| Work | Trabaja | Create | Crear | Stop | Parada |
| Need | Necesitar | Learn | Aprender | Send | Enviar |
| Feel | Sentir | Consider | Considerar | Decide | Decidir |
| Watch | Mirar | Use | Utilizar | Win | Ganar |
| Ask | Pedir | Play | Tocar | Understand | Entender |
| Show | Demostrar | Pay | Pagar | Open | Abierto |
| Call | Llamar | Hear | Oír | Reach | Llegar |
| Hold | Mantener | Listen | Escuchar | Build | Construir |
| Try | Intentar | Meet | Conocer | Spend | Gastar |

# Verbos traducidos

| | | | | | | | |
|---|---|---|---|---|---|---|---|
| Pull | Jalar | Stay | Quedarse | Drink | Bebida |
| Die | Morir | Wish | Desear | Have | Tener |
| Walk | Caminar | Serve | Atender | Hide | Esconder |
| Sell | Vender | Kill | Matar | Cry | Llorar |
| Wait | Esperar | Drive | Manejar | Sing | Cantar |
| Pass | Pasar | Love | Amar | Dress | Vestir |
| Lie | Mentir | Eat | Come | Earn | Ganar |
| Raise | Elevar | Forget | Olvidar | Truth | Verdad |
| Found | Encontrado | Save | Salvar | Jump | Saltar |
| Cut | Corte | Teach | Enseñar | Guess | Adivinar |
| Make | Hacer | Fly | Volar | Dress | Vestir |
| Let | Dejar | Sleep | Dormir | Dance | bailar |
| Grow | Crecer | Laugh | Risa | Truth | Verdad |
| Sit | Sentar | Arise | Surgir | Swim | nadar |
| Remember | Recordar | Born | Nació | Smile | sonreir |
| Include | Incluir | Wake | Despertar | Wash | Lavar |
| Add | Agregar | Cook | Cocinar | Clean | Limpio |
| Believe | Creer | Bake | Hornear | Blame | Culpar |
| Allow | Permitir | Kick | Patada | Fault | Culpa |
| Lead | Liderear | Kiss | Beso | Paint | Pintar |
| | | Sing | Cantar | Get | Conseguir |

# ¡Felicidades!

**Si has llegado hasta aquí es porque realmente esta determinado ha aprender inglés.**

**¡Sigues, tu puedes!**

Luego de haber aprendido vocabularios y los verbos más usado en el idioma inglés, vamos a pasar a ponerlo en practicas con negación del verbo, verbos modales, oraciones en el presente simple, futuro y en pasado.

Al final podrás leer pequeñas historias donde vas a poner el practica todo lo aprendido, especialmente los verbos y los pronombres.

# Verbos Auxiliares

Los verbos auxiliares son verbos que se utilizan en inglés para ayudar a formar distintos tiempos verbales, hacer preguntas y negaciones, y para dar más información sobre la acción verbal. Algunos de los verbos auxiliares más comunes son "**be**", "**do**" y "**have**".

- **"Be"** es el verbo auxiliar más utilizado en inglés, y se utiliza para formar los tiempos continuos y el futuro simple con "will". Por ejemplo:

  - I am studying for my exam. (Estoy estudiando para mi examen)
  - She will be attending the conference next week. (Ella asistirá a la conferencia la próxima semana)

- **"Do"** se utiliza como verbo auxiliar en presente simple para hacer preguntas y negaciones, y también se utiliza para formar oraciones afirmativas en presente simple con verbos que no tienen una forma regular en presente simple. Por ejemplo:
  - Do you like music? (¿Te gusta la música?)
  - I do not like music. (No me gusta la música)

- **"Have"** se utiliza como verbo auxiliar para formar el presente perfecto y el pasado perfecto. Por ejemplo:
  - I have finished my homework. (He terminado mi tarea)
  - She had already left by the time I arrived. (Ella ya se había ido cuando llegué)

**La negación en inglés** es una forma de expresar que algo no es cierto o no está sucediendo. Hay dos formas de negar verbos en inglés: **"do not"** y su forma contraída "don't" y **does not** (doesn't).

"Do not" es la forma completa de la negación y se usa para negar acciones y se construye añadiendo "do not" antes del verbo principal. La forma contraída "don't" es la misma forma negativa pero abreviada. En general se usa para (I, YOU, WE, THEY)

**Aquí hay algunos ejemplos para ilustrar su uso:**

- I do not like coffee. (No me gusta el café)
- We do not live in New York. (No vivimos en Nueva York)
- They don't speak Spanish. (Ellos no hablan español)
- I don't want to go. (No quiero ir)

# Negación de los verbos auxiliar

**"Does not"** (doseent) es la forma completa de la negación en tercera persona del singular y significa "no hacer". Se usa para negar acciones que se realizan por sujetos en tercera persona, tales como **"he", "she", "it"**, y "the name of an object". La forma contraída "doesn't" es la misma forma negativa pero abreviada.

*Aquí hay algunos ejemplos para ilustrar su uso:*

She does not play the piano. (Ella no toca el piano)
He doesn't like coffee. (El no le gusta el café)
It doesn't rain in the desert. (No llueve en el desierto)
The car doesn't start. (El coche no arranca)

**Formula 7 oraciones negando los verbos "like, cook, drive, drink, sing, cry and eat" Las imágenes te ayudarán a recordar sus significados.**

**Ejemplos: I don't know nothing.      She does not know nothing.      We do not drive.**

1._____

2._____

3._____

4._____

5._____

6._____

7._____

# Verbos modales

Los verbos modales en inglés son un grupo de verbos que se utilizan para expresar modalidad, es decir, habilidad, posibilidad, obligación, permiso, etc. Algunos de los verbos modales más comunes en inglés son:

1. **Can** (kéen): I can swim. (**Puedo** nadar.)
2. **Could** (cúud): I could swim when I was a child. (**Podía** nadar cuando era niño.)
3. **May** (mey): May I leave early today? (¿**Puedo** irme temprano hoy?)
4. **Might** (máit): It might rain later. (**Podría** llover más tarde.)
5. **Must** (móst): I must study for the exam. (**Debo** estudiar para el examen.)
6. **Should** (shúud): You should eat more vegetables. (**Deberías** comer más verduras.)
7. **Will** (wiil): I will call you later. (Te llama**ré** más tarde.)
8. **Would** (úud): Would you like to go out with me? (¿Te **gustaría** salir conmigo?)
9. **Shall**: Shall we go to the park? (¿Vamos al parque?)

**Reglas a tomar en cuenta:**
1. Los verbos modales no tienen forma de infinitivo o participio.
2. Siempre van después de un verbo base en forma infinitiva.
3. No pueden ser usados en forma de pasado.
4. No tienen forma de plural.
5. Deben coincidir con el sujeto en tercera persona (he, she, it).
6. La negación se hace agregando "not" después del verbo modal. Ejemplo: I could not go (no pude ir).
7. La forma interrogativa se hace poniendo el verbo modal al principio de la frase.

## COMPLETA LAS SIGUIENTES ORACIONES CON EL VERBO MODAL ADECUADO: "CAN, MIGHT, SHOULD AND MUST"

1. I _____ speak French fluently.
2. She _____ finish her homework before dinner.
3. We _____ visit our grandparents this weekend.
4. I __ go to the store later. (can)
5. We __ watch the movie tomorrow. (might)
6. You __ turn off the lights when you leave the room. (should)

# Verbos modales

- I can speak French fluently.
- She must finish her homework before dinner.
- We should visit our grandparents this weekend.
- I can go to the store later.
- We might watch the movie tomorrow
- You should turn off the lights when you
- leave the room.

## Crear frases con los verbos modales en contextos diferentes:

- Can: En un restaurante pidiendo un plato específico
- Could: Pidiendo un favor a un amigo
- May: Preguntando si se puede entrar a un lugar
- Might: Expresando incertidumbre sobre algo
- Must: Dando una instrucción
- Should: Ofreciendo un consejo

Ej:

**Can** I have a hamburger, please? (kenai haf a jambéerger, plíis)

**Could** you help me, please? (cud iu jelp mi, plíis)

# Pronombres interrogativos

Los pronombres interrogativos en inglés son palabras que se utilizan al principio de la oración para hacer una pregunta.

- **"WHO"** (jú) (quién), se usa para hacer preguntas sobre personas.
- **"WHAT"** (wát) (qué), se usa para hacer preguntas sobre cosas o acciones.
- **"WHERE"** (wéar) (dónde), se usa para hacer preguntas sobre lugares.
- **"WHEN"** (wéen) (cuándo), se usa para hacer preguntas sobre tiempos.
- **"WHY"** (wáy) (por qué), se usa para hacer preguntas sobre motivos o razones.
- **"WHICH"** (whích) (cuál), se usa para hacer preguntas sobre opciones o elecciones.
- **"WHOSE"** (jús) (de quién), se usa para hacer preguntas sobre propiedad o pertenencia.
- **"HOW"** (jáu) (cómo), se usa para preguntar del cómo.

Estos pronombres interrogativos se usan al principio de una pregunta para hacerla más específica.
**Por ejemplo:**

- "Who is she?" (¿**Quién** es ella?)
- "What do you like to do?" (¿**Qué** te gusta hacer?)
- "Where do you live?" (¿**Dónde** vives?)
- "When is your birthday?" (¿**Cuándo** es tu cumpleaños?)
- "Why did you do that?" (¿**Por qué** hiciste eso?)
- "Which one do you prefer?" (¿**Cuál** prefieres?)
- "Whose jacket is this?" (¿**De quién** es esta chaqueta?)
- "How are you?" (¿**Cómo** estás?)

**Haga un diálogo utilizando solo pronombres interrogativos. Graba tu voz y luego escuchalo**
**Por ejemplo:**

A: Who are you?
B: I am John.
A: What do you do?
B: I am a teacher.

# Tiempo futuro

El tiempo futuro en inglés se refiere a una acción o evento que ocurrirá en el futuro. Es un aspecto del tiempo verbal que se utiliza para expresar una acción o evento que todavía no ha ocurrido, pero se espera que ocurra.

En inglés, existen varias formas de expresar el tiempo futuro, incluyendo **"will"**, **"shall"**, **"be going to"**, "future continuous", y "future perfect". Cada una de estas formas tiene un uso y un significado específicos, y se utilizan en diferentes contextos según la situación.

Es importante tener en cuenta que el tiempo futuro en inglés no solo se utiliza para hablar sobre eventos futuros, sino también para hacer **promesas, ofrecer, hacer suposiciones**, y más. Por lo tanto, es un aspecto importante del idioma y una habilidad que debe ser dominada para poder comunicarse con fluidez en inglés.

**Ejemplos**:

1. "I will visit my grandparents next week." = "Visitaré a mis abuelos la próxima semana."
2. "Shall I bring you a drink?" = "¿Te traeré una bebida?"
3. "I am going to buy a new car next month." = "Voy a comprar un nuevo coche el próximo mes."
4. "Next year, I will be studying at university." = "El próximo año, estaré estudiando en la universidad."
5. "By the end of the year, I will have finished my studies." = "Para fin de año, habré terminado mis estudios."

**La diferencia entre "I will" y "I am going" en inglés es la siguiente:**

- "I will" se usa para hacer una promesa o una afirmación decidida sobre algo que sucederá en el futuro. Por ejemplo: "I will call you tomorrow".

- "I am going" se usa para hablar sobre algo que ya está planeado o programado para suceder en el futuro. Por ejemplo: "I am going to the store tomorrow".

En general, "I will" sugiere una acción decidida y firme, mientras que "I am going" sugiere una acción que ya está planificada y organizada. Ambas formas son correctas y se utilizan en diferentes situaciones. Lo importante es entender su uso y utilizarlas de manera adecuada en cada contexto.

# Verbos regulares

Los verbos regulares son aquellos que siguen un patrón predecible en su conjugación en tiempos simples y compuestos. Es decir, para formar sus diferentes formas en el tiempo presente, pasado y participio pasado, se agrega una terminación regular a la raíz del verbo.

Por ejemplo, el verbo regular "talk" se conjuga de la siguiente manera:

- Presente: I talk, you talk, he/she/it **talks**
- Pasado: I talked, you talked, he/she/it talked
- Participio pasado: talked


**En inglés, se agrega una "s"** a los verbos en tercera persona del singular para indicar que la acción está siendo realizada por el sujeto. Por ejemplo, si el sujeto es "he", "she" o "it", se agrega una "s" al final del verbo para formar la tercera persona del singular.

Por ejemplo:
- "I walk"
- "She walks"

Esta regla se aplica a la mayoría de los verbos regulares en inglés, pero hay algunas excepciones, como los verbos irregulares que tienen una forma única en tercera persona del singular.

**En conclusión**, para la mayoría de los verbos cuando se va a referir de "she, he, it" se le agrega una *"S"* al final del verbo. Por ahora solo reten la información y poco a poco lo notarás.

**Más ejemplo:**

- She runs
- He runs
- She plays
- He plays
- He loves
- She loves
- He watches
- She watches

# Gerundio- ing

Cuando queremos hablar de la duración del verbo lo convertimos en gerundio.

Para **formar un gerundio en inglés**, simplemente debes agregar la terminación "-ing" al verbo en infinitivo. Por ejemplo: "talk" -> "talk**ing**" (habl**ando**)

**Hay varias reglas a tener en cuenta al formar gerundios en inglés:**

- Añadir "-ing" al verbo en infinitivo: **La mayoría** de los verbos se convierten en gerundios simplemente añadiendo "-ing" al final del verbo en infinitivo.

Por ejemplo:
"walk" -> "walking" (caminando)
"eat" -> "eating". (comiendo)

- Verbos que **terminan en "e"**: Si el verbo termina en "e", solo debes eliminar la "e" y añadir "-ing".

Por ejemplo:
"dance" -> "dancing" (bailando)
"write" -> "writing" (escribiendo)
"live" -> "living" (viviendo)
"dye" -> "dyeing" (muriendo)

- Verbos de **una sola sílaba** que terminan en una sola consonante precedida por una sola vocal: En estos casos, debes duplicar la última letra antes de añadir "-ing".

Por ejemplo:
"ru**n**" -> "ru**nn**ing", (corriendo)
"sto**p**" -> "sto**pp**ing" (parando)

- Verbos de **dos o más sílabas** que terminan en una sola consonante precedida por una sola vocal y la primera sílaba está acentuada: En estos casos, también debes duplicar la última letra antes de añadir "-ing".
- Por ejemplo:
- "be**g**in" -> "beginning" (comenzando)
- "pre**fer**" -> "preferring" (prefiriendo)

# Pronunciación

La pronunciación de los gerundios en inglés depende de la forma del verbo base del que provienen. Sin embargo, en general, los gerundios suelen terminar en "-ing" y se pronuncian como una palabra con dos sílabas: [ɪŋ].

Aquí hay algunos ejemplos de cómo se pronuncian algunos gerundios comunes en inglés:

- Paint-} painting

La pronunciación de paint es "péint"

si le agregamos un ing se convertirá en "painting" = péint + in = péint**in**

- Swim -} Swimming (swíim**in**)

*En general, como ya sabe como se pronuncia el verbo, solo agrégale "in" al final de la pronunciación.*

------------------------------------------------------------

# Práctica

**Complete las siguientes frases con un gerundio:**

a. I love _____ to the beach. (go)

b. She enjoys _____ music. (listen)

c. They hate _____ up early. (get)

d. He is good at _____. (cook)

e. We are thinking about _____ a trip. (take)

f. She's scared of _____. (fly)

**Convierta los siguientes verbos en gerundios y complete las frases:**

a. _____ is good exercise. (Run)

b. _____ is a great way to stay healthy. (Swim)

c. I spend my evenings _____. (read)

d. - She has a beautiful voice for _____. (sing)

**Construya frases utilizando gerundios:**

Example: playing - Playing basketball is his favorite hobby.

a. She is _____ for her exams. (study)

b.They love _____ in the park. (walk)

c. I don't like _____ vegetables. (eat)

d. He needs at least 8 hours of _____ every night. (sleep)

# Haz una historia usando el gerundio
## (Make a story)

_____

_____

_____

_____

_____

_____

_____

_____

_____

_____

_____

_____

_____

_____

_____

_____

_____

_____

## Respuestas

**Complete las siguientes frases con un gerundio:**
a. going
b. listening
c. getting
d. cooking
e. taking
f. flying

**Convierta los siguientes verbos en gerundios y complete las frases:**
a. running
b. swimming
c. reading
d. singing

**Construya frases utilizando gerundios:**

a. studying -
b. walking -
c. eating -
d. sleeping

# Verbos en pasado simple

Hay dos formas de conjugar verbos en el pasado en inglés: regular e irregular.

**Verbos regulares:** La mayoría de los verbos regulares en inglés se conjugan en el pasado simple agregando **-ed** a la forma base del verbo. Por ejemplo, el verbo "walk" en forma pasada es "walked" (caminé). Verbo + ed al final = pasado. **Algunos ejemplos:**

- walk - walked
- talk - talked
- play - played
- stay - stayed
- pay - paid
- say - said

**Verbos irregulares**: Algunos verbos en inglés tienen una forma irregular en el pasado. Estos verbos no siguen la regla general de agregar -ed a la forma base. Algunos ejemplos incluyen "see" (ver) que en forma pasada es "saw" (vi), y "eat" (comer) que en forma pasada es "ate" (comí). Es importante aprender las formas irregulares de los verbos que se usan con frecuencia. **Algunos ejemplos:**

- eat - ate
- drink - drank
- see - saw
- fly - flew
- buy - bought
- teach - taught

**Más adelante hay una listas de los verbos más usados conjugado en el pasado.**

# Consejos para la pronunciación

**Pronunciación de los verbos regulares en pasado:**

Para aprender a pronunciar los verbos en pasado hay 3 reglas, pero no quiero que te compliques. Créeme que te dará a entender y tu entenderás, aunque no lo haga de la forma perfecta.

Para saber cómo se pronuncian, va a depender de como termine la pronunciación del verbo en su forma original.

**Primera regla:** Lo pronuncia usando una *"t"* suave como si fuera a decir "ti con ch al final" si el sonido al final de la pronunciación es sordo (p, k, ch, sh, s, f, x, th (z española).

**Segunda regla:** Lo pronuncia con *"d"* al final si el sonido final se usan las cuerdas vocales. (vocales, b,g,v,z,m,n,l,r,).

**Tercera regla**: lo pronuncia con *"ed"* al final si el sonido termina en (t y d) Ejemplos:

Paint - paint**ed (páainted)**
Need **-** need**ed (níided)**

**Lo importante** aquí es tener presente cuando el sonido termina en t y d, lo cual debes de pronunciar el pasado agregándole una "ed". Por lo demás si lo pronuncia con t o d al final, te entenderán perfectamente.

Ejemplo: puedes decir para work "wóorkt" o "wóorkd" y te entenderán.

Pero no te entenderán si pronuncia "woorked", porque pueden creer que quieres decir "work it"

*Haz lo como puedas y a través del tiempo y la practica te iras perfeccionando.*

# Verbo base + el pasado + pronunciación

| | | | | | | |
|---|---|---|---|---|---|---|
| Say | Said | séid | | keep | kept | kíipt |
| Go | went | wéent | | Provide | provided | prováired |
| See | saw | sów | | Turn | turned | téernt |
| Know | Knew | núu | | Follow | followed | falóud |
| Take | Took | túuk | | Begin | began | bigáan |
| Think | Thought | dóut | | Start | started | stáared |
| Come | Came | kéim | | Bring | brought | bróut |
| Give | Gave | géif | | Like | liked | láaikt |
| Look | Looked | lóokt | | Help | helped | jélpt |
| Find | Found | fáaund | | Run | ran | ráan |
| Want | Wanted | wáanted | | Set | set | séet |
| Tell | Told | tóld | | Move | Moved | múufd |
| Put | Putted | púured | | Be | Was -were | wos - wéer |
| Mean | Meant | méent | | Write | Wrote | wróot |
| Become | Became | bi- kéim | | Do | Did | did |
| Leave | Left | léeft | | Get | Got | gáat |
| Work | Worked | wóorkt | | Create | Created | cri-éired |
| Need | Needed | níired | | Learn | learned | léernd |
| Feel | Felt | felt | | Consider | considered | con-sí-rered |
| Watch | Watched | wáchet | | Use | Used | iúst |
| Ask | Asked | áskt | | Play | Played | pléyd |
| Show | Showed | shóud | | Pay | Payed | péyd |
| Call | Called | cóold | | Hear | heard | jérd |
| Hold | Held | jéld | | Listen | Listened | líisend |
| Try | Tried | tráed | | Meet | Met | mét |

# Verbo base + el pasado + pronunciación

| | | | | | | |
|---|---|---|---|---|---|---|
| stand | stood | stúud | | | | |
| live | lived | líifd | Pull | pulled | púuld | |
| happen | happened | jápend | Die | died | dáid | |
| talk | talked | tóokt | Walk | walked | úookt | |
| sit | sat | sáat | Sell | Sold | sóld | |
| remain | remained | re-méind | Wait | Waited | wéited | |
| offer | offered | óferd | Pass | Passed | páast | |
| expect | expected | ex-péetid | Lie | Lied | láyd | |
| suppose | supposed | supóost | Raise | Raised | réeist | |
| suggest | suggested | suyésted | Found | founded | fáaunded | |
| read | read | ríid | Cut | Cut | cot | |
| require | required | ri-cuá-ierd | Make | Made | méid | |
| continue | continued | contínuod | Let | Let | let | |
| change | changed | chéncht | Grow | Grew | grúu | |
| fall | fell | féel | Sit | Sat | sáat | |
| buy | bought | bóut | Remember | Remembered | rimémberd | |
| speak | spoke | spóuk | Include | Included | in-clúded | |
| stop | stopped | stóopt | Add | Added | áared | |
| send | sent | séent | Believe | Believed | bi-líi-fd | |
| decide | decided | disáired | Allow | Allowed | aláod | |
| win | won | wóon | Lead | Led | léd | |
| understand | understood | onder-estúud | | | | |
| open | opened | ópend | | | | |
| reach | reached | ríicht | | | | |
| build | built | buíilt | | | | |
| spend | spent | spéent | | | | |

# Verbo base + el pasado + pronunciación

| | | |
|---|---|---|
| Stay | Stayed | stéid |
| Wish | Wished | wíisht |
| Serve | Served | séerfd |
| Kill | killed | kíild |
| Drive | drove | dróof |
| Love | loved | lóofd |
| Eat | ate | éit |
| Forget | forgot | forgáat |
| Save | saved | séifd |
| Teach | taught | táat |
| Fly | flew | flúu |
| Sleep | sleeped | slíipt |
| Laugh | laughed | láaft |
| Arise | arose | aróus |
| Wake | woke | wóok |
| Cook | cooked | cúukt |
| Bake | baked | béikt |
| Kick | kicked | kíiket |
| Kiss | kissed | kíist |

| | | |
|---|---|---|
| Drink | Drunk | dróonk |
| Have | Had | jáad |
| Hide | Hid | jíid |
| Cry | Cried | cráyd |
| Sing | Sang | sáang |
| Dress | Dressed | dréest |
| Earn | Earned | érnd |
| Jump | Jumped | yóompt |
| Guess | Guessed | guéest |
| Dress | Dressed | dréest |
| Wash | Washed | wáasht |
| Clean | Cleaned | clíind |
| Blame | Blamed | bleí-emd |
| Fault | Faulted | fóolt |
| Get | Got | gáat |

# Write the verbs in the past

## Escribe los verbos en pasado

| | |
|---|---|
| Say | |
| Go | |
| See | |
| Know | |
| Take | |
| Think | |
| Come | |
| Give | |
| Look | |
| Find | |
| Want | |
| Tell | |
| Put | |
| Mean | |
| Become | |
| Leave | |
| Work | |
| Need | |
| Feel | |
| Watch | |

# Write the verb in the past

## Escribe los verbos en pasado

| | |
|---|---|
| Ask | |
| Show | |
| Call | |
| Hold | |
| Try | |
| keep | |
| Provide | |
| Turn | |
| Follow | |
| Begin | |
| Start | |
| Bring | |
| Like | |
| Help | |
| Run | |
| Set | |
| Move | |
| Be | |
| Write | |
| Do | |

# Lee la historia y subraya los verbos en pasado
## (Read the story and underline the verbs in the past)

**No te preocupes si no conoces todo, lo importante es identificar los verbos en pasado.**

## "Sarah Walked in the Park"

Sarah was a young girl. She walked in the park and watched the swan swimming. She smiled and enjoyed the beauty of nature. She danced and looked at the park. When she went home, she cooked herself a delicious dinner. After she ate, she read a book for a while. Then, she sang a song before going to bed. She slept well and dreamed of all the fun she had that day.

·····························································································

## Traducción

Sara era una chica. Caminó por el parque y vio nadar al cisne. Ella sonrió y disfrutó de la belleza de la naturaleza. Bailó y exploró el parque. Cuando llegó a casa, se preparó una cena deliciosa. Después de comer, leyó un libro durante un rato. Luego, cantó una canción antes de irse a la cama. Durmió bien y soñó con toda la diversión que tuvo ese día.

·····························································································

## Respuestas

- was
- walked
- saw
- cooked
- ate

- read
- sang
- slept
- danced
- smiled

- dreamed
- watched
- enjoyed
- looked

# Haz una historia del pasado usando todos los conocimientos

## (Make a story from the past)

_____

_____

_____

_____

_____

_____

_____

_____

_____

_____

_____

_____

_____

_____

_____

_____

_____

_____

_____

_____

# Pronombres objetos (object pronouns)

Se utilizan como objeto de la oración y son "me" (a mí), "you" (a ti/a usted), "him" (a él), "her" (a ella), "it" (a él/ella), "us" (a nosotros) y "them" (a ellos/ellas)..

Los pronombres objetos directos e indirectos se utilizan para referirse a un objeto de la oración. Por ejemplo, en la frase "I gave him the book" (le di el libro), "him" es el objeto indirecto y "the book" es el objeto directo.

### Ejemplos para tener mejor entendimiento de sus usos

- She loves **him**. - Ella lo ama a él.
- They gave it to **us**. - Nosotros lo dieron.
- He asked **her**. - Él le preguntó a ella.
- I saw **him** yesterday. - Lo vi ayer.
- She wrote to **him**. - Ella le escribió a él

- They helped **us**. - Ellos nos ayudaron.
- I'll send it to **you**. - Te lo enviaré.
- They invited **us**. - Nos invitaron.
- I'll give it to **them**. - Se lo daré a ellos.
- He talked to **her**. - Él habló con ella.

# Pronombres reflexivos (Reflexives pronouns)

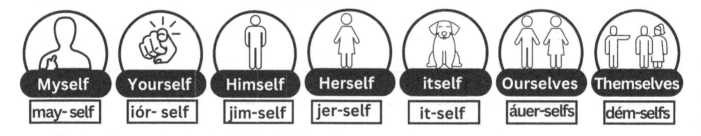

Los pronombres reflexivos se utilizan para referirse a una acción que la persona o cosa que realiza la acción es también el objeto directo de la misma. Por ejemplo:
- I hurt myself. (Me lastimé)
- She dressed herself. (Se vistió)

También se pueden usar para enfatizar la acción o para destacar que la acción se realizó sin ayuda de nadie más, por ejemplo:
- I did it myself. (Lo hice yo mismo)
- She cooked dinner for herself. (Cocinó la cena para ella misma)

**Escribe en las casillas los pronombres apropiados. Cuando lo complete puedes comparar tu resultados con las hojas anteriores.**

| Subject (subjeto) | Object (objeto) | Possessive (posesivos) | Reflexives (reflexive ) |
|---|---|---|---|
| I | Me | Mine | Myself |
| YOU | | | |
| HE | | | |
| SHE | | | |
| IT | | | |
| WE | | | |
| THEY | | | |

(Pon en practica todo el conocimiento que ya has aprendido)

# "Amy loves to cook"

A girl named Amy loves to cook. Every day, she helps her mom in the kitchen and learns how to make new dishes.

One day, Amy wants to surprise her family and cook dinner all by herself. She cleans the kitchen and gathers all the ingredients she needs. She cooks a delicious meal and sets the table.

Her family is very impressed by Amy's cooking and enjoys the meal. They tell her how happy they are of her and that she is becoming a great cook.

From that day on, Amy continues to cook and clean. She loves to spend time in the kitchen and make new dishes. She likes to make the food look pretty. Amy is always learning and improving her cooking skills.

-------------------------------------------------

## Traducción

A una chica llamada Amy le encanta cocinar. Todos los días ayuda a su mamá en la cocina y aprende a hacer platos nuevos.

Un día, Amy quiere sorprender a su familia y preparar la cena sola. Limpia la cocina y reúne todos los ingredientes que necesita. Ella cocina una comida deliciosa y pone la mesa.

Su familia está muy impresionada con la cocina de Amy y disfruta la comida. Le dicen lo felices que están por ella y que se está convirtiendo en una gran cocinera.

A partir de ese día, Amy sigue cocinando y limpiando. Le encanta pasar tiempo en la cocina y hacer platos nuevos. Le gusta que la comida luzca bonita. Amy siempre está aprendiendo y mejorando sus habilidades culinarias.

# "Lily and her Dress"

There was a little girl named Lily. She lived in a her house with her parents, her father and her mother.

Every night, Lily would go to her bed in her bedroom. She loved to play before going to sleep. Her mother would read her stories and sing to her.

One day, Lily's father surprised her with a new dress. It was a pretty red dress and Lily was so excited to wear it. She put it on and twirled around the table.

Her mother came in to see what she was doing and was so impressed with the dress. She started to dance with Lily around the table and they had so much fun together.

From that day on, Lily and her mother would dance in the pretty red dress around the table in Lily's bedroom every night. Her father was happy to see them having so much fun together and loved to watch them play.

------------------------------------------------

## Traducción

Había una niña llamada Lily. Vivía en su casa con sus padres, su padre y su madre.

Todas las noches, Lily se acostaba en su dormitorio. Le encantaba jugar antes de irse a dormir. Su madre le leía cuentos y le cantaba.

Un día, el padre de Lily la sorprendió con un vestido nuevo. Era un bonito vestido rojo y Lily estaba muy emocionada de ponérselo. Se lo puso y dio vueltas alrededor de la mesa.

Su madre entró para ver lo que estaba haciendo y quedó muy impresionada con el vestido. Empezó a bailar con Lily alrededor de la mesa y se divirtieron mucho juntas.

A partir de ese día, Lily y su madre bailarían todas las noches con el bonito vestido rojo alrededor de la mesa en el dormitorio de Lily. Su padre estaba feliz de verlos divertirse tanto juntos y le encantaba verlos jugar.

# "Dog and Cat"

A dog and a cat decided to go for a walk in the park. They saw a lion playing with his friends.

The dog and the cat watched the lion for a while, and then continued their walk. They walked for a long time, seeing different animals and having a great time.

At the end of the day, they went back home tired but happy. They both agreed that it was a wonderful day and they should go for a walk in the park more often.

### Traducción

Un perro y un gato decidieron dar un paseo por el parque. Vieron un león jugando con sus amigos.

El perro y el gato observaron al león por un rato y luego continuaron su caminata. Caminaron durante mucho tiempo, viendo diferentes animales y pasándolo muy bien.

Al final del día, regresaron a casa cansados pero felices. Ambos acordaron que era un día maravilloso y que deberían salir a caminar por el parque más a menudo.

# Read this story several times until you feel fluent.

# Ordering at McDonald's

**Emily**: Hi, can I take your order please?

**Michael**: Yes, can I have a Big Mac meal with a medium fries and a coke, please?

**Emily**: Sure thing. Would you like to make that a large meal for an extra charge?

**Michael**: No, that's okay. Medium is fine.

**Emily**: Great, and for you, ma'am?

**Emily**: Can I have a Quarter Pounder meal with a side of nuggets and a lemonade, please?

**Michael**: And can you add some barbecue sauce for the nuggets?

**Emily**: Absolutely, and anything else?

**Michael**: No, that's it for now.

**Emily**: Alright, your total comes to $12.50. Please proceed to the next window to pick up your food.

**Michael**: Thanks, we will.

------------------------------------------------------------

## Traducción

Emily: Hola, ¿puedo tomar su pedido por favor?

Michael: Sí, ¿puedo tener una comida Big Mac con papas medianas y una coca cola, por favor?

Emilio: Claro. ¿Le gustaría hacer una comida grande por un cargo extra?

miguel: no, está bien. Medio está bien.

Emily: Genial, ¿y para usted, señora?

Emily: ¿Puedo tener una comida Quarter Pounder con una guarnición de nuggets y una limonada, por favor?

Michael: ¿Y puedes agregar un poco de salsa barbacoa para los nuggets?

Emily: Absolutamente, ¿y algo más?

Michael: No, eso es todo por ahora.

Emily: Muy bien, tu total llega a $12.50. Diríjase a la siguiente ventana para recoger su comida.

Michael: Gracias, lo haremos.

# ¡Felicidades!

¡Felicitaciones por tomar el primer paso hacia el fluidez en inglés! Estoy increíblemente agradecido de que hayas elegido este libro para ayudarte en tu viaje.

Espero sinceramente que lo encuentres útil y que estés listo para ponerlo en práctica. Deseo recordarte que "No tengas miedo ni vergüenza de hablar, tu acento es lo que te hace único y especial. ¡Atrévete a salir de tu zona de confort y a practicar tanto como puedas! Juntos, podemos lograr grandes cosas".

Además, quiero hacer una mención especial a la serie en la que este libro es parte. Es fundamental que leas el **libro 2** y te sumerjas en otros recursos complementarios para mejorar tu inglés de manera más efectiva. La combinación de diferentes materiales te permitirá ampliar tus conocimientos y llegar a nuevos niveles en tu aprendizaje.

*¡Estoy emocionado de ver hasta dónde puedes llegar! Sigue adelante y nunca dejes de aprender.*

**¡Tú puedes hacerlo!**

# CERTIFICATE
## OF ACHIEVEMENT

This certificate is presented to

POR HABER COMPLETADO EL CURSO DE INGLÉS

*Amanfi Taylor*

Made in the USA
Coppell, TX
01 February 2024

28469906R00063